रमण महर्षि

रमण महर्षि

अनीता गौड़

Vidya Vikas
ACADEMY
विद्या विकास एकेडेमी

प्रकाशक : **विद्या विकास एकेडमी**
3637 नेताजी सुभाष मार्ग दरियागंज, नई दिल्ली–110002
सर्वाधिकार : सुरक्षित / संस्करण : 2025 / मूल्य : तीन सौ रुपए
मुद्रक : श्री साई प्रिंटर्स, साहिबाबाद ISBN 978-93-84343-76-7

RAMAN MAHARSHI

by Smt. Anita Gaur ₹ 300.00
Published by **VIDYA VIKAS ACADEMY**
3637 Netaji Subhash Marg, Darya Ganj New Delhi-110002

स्वयं की पहचान कैसे हो, स्वयं में हम कैसे ज्ञान को पाएँ, स्वयं की खामियों को कैसे पहचानें, ये सब पहचानना है तो महर्षि रमण जैसे ज्ञानी जनों से ही सीखा जा सकता है। छोटी सी आयु में उन्होंने उस परम तत्त्व को पहचान लिया और सच की खोज में आगे बढ़कर मानव के सामने वास्तविक अर्थों में इस पृथ्वी पर जन्म लेने के उसके कारणों को स्पष्ट किया। इसी के साथ उन्होंने मानवता की नई परिभाषा स्थापित की। उन्होंने साधारण जनों को रास्ता बताया कि मानव को उसके दैनिक कार्यों को करते हुए किस प्रकार उस परम तत्त्व की वंदना करनी है, कैसे आत्मा की शुद्धि करके जन्म-मरण के चक्करों से पार पाना है। यदि हम अपने दायित्वों का निर्वाह ही नहीं कर सकते तो हमें इस पृथ्वी पर मानव बनकर रहने का क्या अधिकार है! इस जगत् में ज्ञान की वास्तविक परिभाषा, जीवन की गहराइयाँ महर्षि रमण जैसे ज्ञानी पुरुषों ने ही हमें समझाई है।

अनुक्रम

1.	श्री रमण महर्षि	9
2.	बालपन	12
3.	जागृति के क्षण	17
4.	अरुणाचल सफरनामा	22
5.	अरुणाचल के शुरुआती दिन	31
6.	शिवप्रकाश पिल्लई और 'कौन हूँ मैं ?'	33
7.	अरुणाचल में बिताए गए मध्य वर्ष	44
8.	पशुओं और बच्चों के प्रति श्री रमण का प्रेम	50
9.	महान् साधुओं से श्री रमण की भेंट	55
10.	अरुणाचल में उनके अंतिम वर्ष	60
11.	अरुणाचल का महत्त्व	69
12.	महर्षि की शिक्षाएँ	76
	ग्रंथ व्याख्या	100

अध्याय : एक

श्री रमण महर्षि

पारिवारिक पृष्ठभूमि

साधना में अभिरुचि रखनेवालों के लिए श्री रमण महर्षि का नाम जाना-पहचाना है। भारत के आध्यात्मिक क्षितिज पर पिछले कुछ वर्षों में जिन ज्योतिर्धरों का उदय हुआ है, उनमें श्री रमण महर्षि का नाम विशेष उल्लेखनीय है। उन्होंने अपने जीवन तथा कार्यों से भारत का नाम रोशन किया है। भारत के अलावा पश्चिम के कई देशों में अपना उजाला फैलाकर महर्षि ने देश को गौरवान्वित किया है तथा मानव-जाति की बहुमूल्य सेवा की है।

30 दिसंबर, 1879 को सोमवार के दिन आधी रात के लगभग एक घंटे बाद एक जाने-माने प्राचीन ब्राह्मण कुल में जन्म हुआ उस अद्भुत बालक का, जिसे बाद में पूरी दुनिया ने भगवान् श्री रमण महर्षि के नाम से जाना। उस दिन आद्र दर्शनम् था। वही त्योहार जिस दिन भगवान् शिव ने नटराज की मुद्रा में नृत्य किया था। इस शुभ दिन का वर्णन कई प्राचीन हिंदू पुस्तकों में हैं। पुराणों के अनुसार इसी दिन भगवान् शिव ने अपने सबसे प्रिय भक्त गौतम और पतंजलि को साक्षात् दर्शन दिए। इसी शुभ दिन में जनमे अपने सुंदर और स्वस्थ बालक के नामकरण संस्कार के बाद सुंदरम और अलगू ने बड़ा प्यारा नाम दिया वेंकटरमण। सुंदरम अय्यर के तीन पुत्रों में से दूसरे थे वेंटकरमण। पिता सुंदरम तमिलनाडु के तिरुचुली के प्रमुख मंदिर प्रांगण के मुख्य अभिवाचक थे, जिन्हें सभी सादर-सत्कार के भाव से देखते। सुंदरम

के पिता नागास्वामी अय्यर प्रख्यात पंडित पाराशर के वंशज थे, महान् ऋषि व्यास भी इसी कुल में जनमे थे। नागास्वामी के चार पुत्र थे, वेंकटेश्वरन, सुंदरम, सुब्बीहा और नल्लीअप्पीयर। उनकी एक पुत्री भी थीं, जिनका नाम लक्ष्मी अम्मल था। पिता की मृत्यु के बाद ज्येष्ठ पुत्र वेंकटेश ने परिवार की बागडोर सँभाली, पर कुछ ही समय बाद सभी संबंधों को त्याग वैरागी हो गए। उसके बाद दूसरे पुत्र सुंदरम ने परिवार की कमान सँभाली।

वेंकटरमण की माता का नाम अझगम्मल था, जिन्होंने बाद में अध्यात्म की कई सिद्धियाँ प्राप्त कीं। संयोगवश वेंकट की माता के नाम का तमिल अर्थ और पिता के नाम का संस्कृत अर्थ 'सुंदर' था। पुराणों में भी तिरुचुली नामक पवित्र जगह का उल्लेख है, जहाँ तीन बार विशाल जलप्रलय हुआ और स्वयं भगवान् शिव ने जलप्रलय से इस जगह की रक्षा की।

वेंकटरमण के माता-पिता भगवान् शिव के प्रति अपनी भक्ति के लिए प्रख्यात थे। उनकी माता बड़े ही मीठे स्वर में नाना प्रकार के आध्यात्मिक गीत गातीं। गीत, जो अद्वितीय सत्य से परिपूर्ण होते थे। उनके पुत्र के जन्म से संबधित कई कहानियाँ हैं। वे कहती थीं, गर्भधारण के दौरान उनके गर्भाशय में एक अद्‌भुत और अद्वितीय दर्द होता। ऐसा माना जाता है कि उनके गर्भाशय में एक असाधारण बुद्धिमान व्यक्तित्व का होना ही इस दर्द का कारण था। साधारण सी दिखनेवाली माता गर्भधारण के दौरान एक अद्‌भुत आभा से शोभायमान थीं। पुत्र जन्म के समय दाई ने भी एक दैवीय प्रकाश की अनुभूति की। उसने माता अझगम्मल को अपने अनुभव के बारे में बताया और कहा कि जिसे तुमने आज जन्म दिया वह कोई साधारण व्यक्ति नहीं, बल्कि एक दैवीय शक्ति है। और यह अचरज भरी घटना उस छोटे से बालक के बड़े होने पर एक सत्य भविष्यवाणी साबित हुई।

वे अपने बड़े भाई नागास्वामी और बुआ लक्ष्मी अम्मल के दो बच्चों रामास्वामी और मीनाक्षी के साथ बड़े हुए।

1892 में पिता सुंदरम अय्यर की असामयिक मृत्यु के पश्चात् उनके परिवार में तीन बेटे और एक बेटी थे। नागास्वामी की उम्र थी 14 साल,

वेंकटरमण उस समय 12 वर्ष की आयु के थे। इसके अलावा 6 वर्ष के नागासुंदरम और एक 4 साल की बेटी असामेलु थी। इसी के साथ जैसे-जैसे महर्षि रमण के जीवन की कहानी के पृष्ठ खुलेंगे, हम देखेंगे कि कैसे उनका यह समृद्धशाली परिवार उनके ऐतिहासिक और महान् जीवन के लिए महत्त्वपूर्ण साबित हुआ।

□

अध्याय : दो

बालपन

बालक वेंकटरमण का बचपन बहुत ही साधारण था। वे तगड़ी कद-काठी के हृष्ट-पुष्ट बालक थे, जिन्होंने पाँच साल तक अपनी माँ का स्तनपान किया। इस समय उनके परिवार में एक फुफेरी बहन मीनाक्षी भी थी, जिसे उनकी माँ अझगम्मल ही स्तनपान कराती थीं।

काफी अरसे बाद यह रहस्य खुला कि बालपन में अपनी फुफेरी बहन मीनाक्षी की असामयिक मृत्यु के समय वेंकटरमण ने उनको सहारा दिया। जिस समय मीनाक्षी मृत्यु के समीप थी, बालक रमण मीनाक्षी के समीप गया और उसने प्यार से उसके माथे को छुआ। अपने अंतिम समय में बिस्तर पर पड़ी मीनाक्षी ने उस स्पर्श को महसूस करके आश्चर्यजनक ढंग से अपनी आँखें खोलीं और पूछा कि ये कौन है जिसने उसे छुआ?

गाँव के सभी लोग बालक वेंकटरमण को बहुत प्यार करते थे, क्योंकि वह विशिष्ट, मैत्रीपूर्ण और अच्छे स्वभाव का था। सभी उनके खुले विचार, मिलनसार व्यवहार और हास्य स्वभाव को पसंद करते थे। उन्होंने तमिल, अंग्रेजी और अंकगणित की प्रारंभिक शिक्षा हेतु तीन साल तक तिरुचुली के सेतुपाठी एलिमेंट्री स्कूल में शिक्षा ली। किशोरावस्था में उनके कई साथी थे, किंतु पड़ोस में रहनेवाला बालक छेलम और उसकी बहन सुबुकुट्टी उनके सबसे करीबी मित्र थे। उनके बचपन के एक और साथी थे कत्थीरवेलु, जो अभी भी जीवित हैं। उनके नाम का जिक्र वेंकटरमण ने अपनी पुस्तक में भी किया है।

ग्यारह वर्ष की आयु में उन्हें डिंडीगुल के बड़े विद्यालय में पढ़ने हेतु भेजा गया, जहाँ बड़े भाई नागास्वामी को कर्मठ और मेहनती छात्र माना जाता था। हालाँकि वेंकटरमण भी बड़े बुद्धिमान छात्र थे, किंतु उनका मन कक्षा कार्य में ज्यादा नहीं लगता था। फुटबॉल और अन्य खेलों के प्रति उनका ज्यादा रुझान था।

आज भी भूमिनाथेश्वर मंदिर के प्रांगण में एक बड़ा सा हरा-भरा गलियारा है, जिसके बीचोबीच स्थित सोला तीर्थ कुंड में वेंकटरमण और उनके नटखट साथी मजे से डुबकियाँ लगाया करते। उनका हृदय करुणामय था और वे सबकी सहायता के लिए सदैव तत्पर रहते। इस बात को इस घटना से परखा जा सकता है कि एक बार उनके पड़ोस में रहनेवाला तीन साल का छोटा सा बच्चा गन्ने का टुकड़ा और चाकू हाथ में लिए घूम रहा था। वह बार-बार अपने बड़े भाइयों से गन्ना छीलने को कहता, पर उसकी बात कोई न सुनता। यह सब वेंकटरमण बड़े ध्यान से देख रहे थे। वेंकटरमण को उस बालक पर बहुत दया आई। उन्होंने गन्ना और चाकू लिया और उसे काटने की कोशिश करने लगे। इसी कोशिश में उनकी अंगुली कट गई और उससे खून बहने लगा। यह देखकर वह छोटा लड़का रोने लगा। वेंकटरमण ने एक गीले कपड़े से अपनी अंगुली बाँधी भी, लेकिन खून का बहाव नहीं रुका। पर फिर भी वे रुके नहीं और गन्ने के टुकड़े करते रहे। इस घटना के बारे में बहुत समय बाद वेंकटरमण ने स्वयं किसी को बताया था।

रमण जब आठ वर्ष के हुए तब उनका उपनयन यानी यज्ञोपवीत संस्कार कर दिया गया।

उनके परिवार से जुड़ी एक दंतकथा प्रचलित थी, जो कि उनके पूरे जीवनकाल में सार्थक भी हुई है। कहा जाता है कि बरसों पहले एक दिन उनके पूर्वजों के घर भिक्षा हेतु एक महान् ऋषि का आगमन हुआ। दुर्भाग्यवश परंपरा के विपरीत घर में न उनका स्वागत सत्कार हुआ और न ही उन्हें भिक्षा प्राप्त हुई। तब महर्षि ने श्राप दिया कि इस वंश में पीढ़ी-दर-पीढ़ी एक सदस्य उनकी तरह भिक्षा के लिए भ्रमण करेगा। कहा जाता है कि यह श्राप

पीढ़ियों तक रमण के परिवार पर सत्य साबित हुआ। उनके पिता सुंदरम के एक चाचा ने भगवा वस्त्र धारण किए, उनके बड़े भाई वेंकटेश ने भी परिवार का परित्याग किया और कहीं-न-कहीं पिता सुंदरम जानते थे कि भविष्य में उनका पुत्र वेंकटरमण भी साधु का चोला धारण करेगा। लेकिन कौन जानता था कि यह श्राप आगे चलकर पूरी मानवता के लिए एक खूबसूरत वरदान साबित होगा।

सन् 1892 में उनके पूरे परिवार पर दुःखों का पहाड़ टूट पड़ा। बिना किसी पूर्वानुमान के थोड़ी सी तबीयत बिगड़ने पर पिता सुंदरम की आकस्मिक मृत्यु हो गई। अपने भरे-पूरे परिवार में वे तीन पुत्रों, पत्नी और एक पुत्री को अकेला छोड़ गए। पिता की मृत्यु की खबर सुन जब वेंकटरमण विद्यालय से घर आए तो उनके कोमल मन पर बड़ा आघात पहुँचा। उन्होंने बड़ी ही सहजता से पूछा, "जब पिताजी यहाँ आराम से लेटे हैं तो फिर आप लोग क्यों कहते हैं कि वे चले गए?" यह प्रश्न चिंतन के लिहाज से बड़ा ही महत्त्वपूर्ण था, क्योंकि उनके लिए यह प्रश्न मृत्यु का था, जिसका बाद में उन्होंने उत्तर भी ढूँढ़ा।

पिता के निधन से उनका छोटा सा बँधा हुआ परिवार बिखर गया। माता अझगम्मल अपने दो छोटे बच्चों के साथ मनमदुरई चली गईं। वेंकटरमण के साथ उनके बड़े भाई को चाचा सुब्बिहा अय्यर की देख-रेख में भेज दिया गया।

यहाँ वेंकटरमण को स्कॉट मिडिल स्कूल और बाद में अमेरिकन मिशन हाईस्कूल में पढ़ने के लिए भेजा गया। वे एक असाधारण विद्यार्थी थे, जो आसानी से हर पाठ सीख लेते थे, किंतु उसमें ज्यादा रुचि जाहिर नहीं करते थे। उस समय की बहुत ही यादें उन्होंने बाद में बातों ही बातों में बताईं, जिनमें से एक बड़ी रोचक थी। उन्होंने बताया था, "जब स्कूल में पाठ पढ़ाए जाते तो अकसर मैं सो जाया करता था, इसलिए मैंने दीवार में धँसी कील से एक रस्सी बाँधकर अपने बाल उसमें बाँध लिए, ताकि जब भी मुझे नींद का झोंका आए तो रस्सी से मेरे बाल खिंच जाएँ और मैं जाग जाऊँ, वरना

गुरुजी मेरे कान खींचते।''

उन्हें व्यायाम पसंद था। वे अपनी उम्र के कई बच्चों से ज्यादा बलशाली थे। उन्हें फुटबॉल खेलना बहुत पसंद था और उनका खेल देखकर लोग कहा करते कि इसकी टीम हमेशा विजय प्राप्त करती है। इसी कारण लोगों ने उन्हें तांगकाई कहना शुरू कर दिया, जिसका अर्थ है सुनहरा हाथ। समय अपनी पूरी गति से चल रहा था। इस बीच कोई नहीं जानता था कि मदुरई में उनके चाचा के घर एक ऐसा परिवर्तन होनेवाला था जो पूरे संसार को पीढ़ियों तक प्रभावित करेगा।

उन्हें घर की सबसे ऊपरी मंजिल पर खाली पड़ा हुआ कमरा दे दिया गया। जहाँ वे अपने मित्रों के साथ गेंद खेलते। कभी-कभी सबसे छुपते हुए रातों को वे विगई नदी या पिल्लईयार पल्लियम घाटों पर तैराकी के लिए निकल जाते। मदुरई में उन्होंने संस्कृत, वेदों और उपनिषदों का ज्ञान नहीं लिया। उनके दोनों ही स्कूल ईसाई धर्म को माननेवाले थे, इसलिए उन्होंने वहाँ सिर्फ बाइबिल का ज्ञान प्राप्त किया। युवावस्था में कई बार वे समाधि की स्थिति में जाने की वजह से लोगों का ध्यान आकर्षित करने लगे थे। एक बार उनके एक शिक्षक ने पाठ न याद करके आने की वजह से बेंच पर खड़े होने की सजा दी। वेंकटरमण ने अपने शिक्षक को पूर्ण शक्ति और स्थायी नजरों से यों घूरा कि शिक्षक ने बिना कुछ सोचे-समझे उन्हें माफ कर दिया।

उनके परम मित्रों में से एक मुसलमान लड़का भी था, जिसे 'सबजान' के नाम से जाना जाता था, हालाँकि उसका असली नाम 'मो. अब्दुल वाहब' था। वेंकटरमण कहते थे कि उन्हें कोई जुदा नहीं कर सकता था। सबजान अकसर उन दिनों को याद करते हुए बताते हैं, ''एक छात्र के रूप में भी वेंकटरमण काफी धार्मिक थे। ऋई बार सप्ताहांत पर वे दोनों तिरूपाराकुंरम और सुब्रह्मण्यम स्वामी के खूबसूरत मंदिरों में घूमने जाते। वेंकटरमण कहा करते कि भगवान् की रचना हर जगह एक समान है, उसकी सृष्टि में कहीं कोई मतभेद नहीं। ये मतभेद तो मनुष्यों ने पैदा किए हैं। सबजान ने बताया कि तब से मैंने मंदिर और मसजिद में कोई फर्क महसूस नहीं किया। वे दोनों

अकसर माता अझगम्मल से मिलने जाया करते, जहाँ वेंकटरमण के समान ही सबजान को सत्कार मिलता।"

मदुरई में उनके घर के सामने ही मीनाक्षी देवी मंदिर था, जहाँ पहली बार युवा वेंकटरमण को अध्यात्म का आभास हुआ। नवंबर 1895 में सोलह वर्ष की आयु में पहली बार वेंकटरमण को पवित्र पर्वत अरुणाचल के बारे में पता चला।

□

अध्याय-तीन

जागृति के क्षण

तमिलनाडु के दक्कन मैदान पर स्थित लाल पर्वत अरुणाचल भू-विज्ञान की दृष्टि से सबसे पुराने पर्वतों में से होने के साथ-साथ पृथ्वी पर सबसे पूजनीय पर्वतों में से भी एक है। तीर्थयात्रियों के लिए हजारों सालों से यह स्थान पावन रहा है। यह एक शिवलिंग की तरह प्रतीत होता है। मान्यता है कि त्रिदेवों में खुद को सबसे शक्तिशाली देव सिद्ध करने हेतु यहाँ भगवान् शिव एक अग्नि-स्तंभ के रूप में अवतरित हुए। छोटी भूरी पहाड़ियों से घिरा यह अग्नि-स्तंभ समय के साथ एक गुलाबी रंग की पहाड़ी में परिवर्तित हो गया।

एक दिन वेंकटरमण अपने एक पुराने संबंधी से मिले, तो उनसे पूछा कि वे इतने दिनों से दिखाई नहीं दिए, क्या कहीं बाहर गए थे? संबंधी द्वारा सकारात्मक उत्तर मिलने पर वेंकटरमण ने फिर पूछा कि वे कहाँ से घूमकर आए हैं तो उत्तर मिला 'अरुणाचल से'!

उन्होंने इस महान् जगह के बारे में कई महान् कथाएँ सुनी थीं, किंतु आज यह विश्वास हो गया कि सचमुच यह एक पहाड़ी है, जो तिरुवन्नामलाई नामक जगह पर स्थित है। ठीक उन्हीं दिनों वेंकटरमण को अपने चाचा की पुस्तकशाला में पेरियापुराण नामक एक धर्मग्रंथ मिला। इस ग्रंथ में लिखी तिरसठ महान् तमिल संतों की आत्मकथा उन्हें सत्य की गहराइयों में ले गई। और जब इन महान् संतों की मूर्तियाँ उन्होंने मीनाक्षी मंदिर में देखीं तो सत्य

के सागर में उनकी प्रबल इच्छाएँ पूरी तरह हिलोरे लेने लगीं। उन्होंने उसी वक्त ईश्वर से प्रार्थना की कि वे भी उन महान् तमिल ऋषियों की सूची में शामिल हो जाएँ।

जुलाई के मध्य 1896 में चाचा के घर में ही उन्हें एक अद्‌भुत अध्यात्म की अनुभूति हुई। वह अनुभूति थी आत्मबोध और आत्मज्ञान की। उनके पूरे जीवन को प्रकाश से भर देनेवाली इस आश्चर्यजनक घटना को उन्होंने अपने शब्दों में कुछ इस तरह बयाँ किया है—

"मदुरई छोड़ने से 6 हफ्ते पहले मेरे जीवन में एक ऐसा बदलाव आया जिसने मेरा पूरा जीवन बदल कर रख डाला। एक दिन मैं चाचा के घर की पहली मंजिल पर था। मेरा स्वास्थ्य बढ़िया था, क्योंकि शायद ही मुझे कभी कोई बीमारी हुई हो। मैं बहुत देर तक सोनेवाला व्यक्ति था, इसलिए उस दिन सुबह के समय पहली मंजिल पर मैं अकेला ही था और बिस्तर पर लेटा था। यकायक मुझे मृत्यु के डर ने घेर लिया। मुझे लगा, मैं मरनेवाला हूँ। मेरे शरीर को यह अनुभूति क्यों हुई, यह शायद ही कोई बता सकता। हालाँकि मैं स्वयं भी इस अनुभूति का वर्णन नहीं कर सकता। इस डर का आधार क्या है, यह जानने के लिए मैंने खुद को भी कष्ट देना उचित नहीं समझा। मुझे लगा बस मैं मृत्यु की गोद में सोनेवाला हूँ और कभी मैं सोचता कि अब मुझे क्या करना चाहिए। मैंने आचार्यों, अपने बड़ों और यहाँ तक कि अपने मित्रों से भी इस बारे में बात करना उचित नहीं समझा। उसके बाद मैंने निर्णय लिया कि अब इस समस्या का समाधान मैं स्वयं निकालूँगा।"

"मृत्यु के भय ने मुझे अंतर्मुखी बना दिया और आत्मविश्लेषण करना सिखाया। मैंने बिना बोले मन-ही-मन कहा कि मृत्यु तो निश्चित है, किंतु इसका अर्थ क्या है? मृत्यु आखिर है क्या, सिर्फ शरीर का नष्ट हो जाना? मैंने मरने का नाटक किया। एक मृत शरीर की भाँति मैंने अपने अंगों को फैलाया और लेट गया। शव का अनुकरण करते हुए अपनी साँस रोक ली और मुँह बंद कर होंठों को मजबूती से चिपका लिया, ताकि हवा न अंदर आ सके और न बाहर जा सके। मैं एक शब्द भी नहीं बोला। कुछ देर बाद

स्वयं आभास हुआ कि मेरा शरीर मर चुका है। अब इसे श्मशान तक ले जाया जाएगा और बाद में शरीर जलकर राख हो जाएगा। लेकिन क्या इस शरीर के साथ मैं भी मर गया? क्या यह शरीर ही मैं हूँ? शरीर शांत और निष्क्रिय है, लेकिन शरीर को छोड़ मैं अपनी आत्मा अपनी आवाज और अपने व्यक्तित्व को महसूस कर सकता हूँ। तो क्या मैं एक आत्मा हूँ? शरीर मरता है, किंतु आत्मा को तो मृत्यु स्पर्श नहीं कर सकती। यानी मैं एक अजर-अमर आत्मा हूँ। यह मैं समझ गया।''

''यह कोई महान् बौद्धिक कार्य नहीं था, किंतु बिना किसी से वार्त्तालाप किए मेरे सामने एक समग्र जीवंत सत्य था। मैं बहुत वास्तविक था और मेरे शरीर की सभी क्रियाएँ उस वक्त मेरे ऊपर निर्भर थीं। उस समय से मैं एक लुभावनी आंतरिक शक्ति महसूस करने लगा और मृत्यु का भय हमेशा के लिए मेरे अंदर से लुप्त हो गया।''

''इस घटना के बाद से मेरे भीतर स्वयं का आभास हुआ। एक संगीतज्ञ के स्वरों की भाँति कई सुर अर्थात् भाव जीवन में आते रहे, किंतु वह महान् श्रुति जिससे सभी स्वर निकलते हैं उस 'मैं' का आभास तब से हमेशा मेरे साथ रहा। मेरा शरीर चाहे किसी भी क्रिया में लिप्त हो मेरा मन परम सत्य 'मैं' पर ही स्थिर था।''

बाद में उन्होंने बताया, ''इस घटना से पूर्व मुझे आत्म-सत्य का ज्ञान नहीं था, और पहले कभी मैं इसके प्रति आकर्षित भी नहीं हुआ। मुझे किसी प्रत्यक्ष ज्ञान ने उस ओर आकर्षित नहीं किया, किंतु जब मैं शव की मुद्रा में गया तो मेरे अंतरमन में एक स्थायी संबंध निवास करने लगा।''

इस गहरे अनुभव और स्वयं की प्राप्ति में लगभग आधा घंटा लगा। उनके मन से मृत्यु का भय लुप्त हो गया और आत्म 'मैं' की प्राप्ति ने उनके अंतरमन को प्रभावित कर दिया, जिसने आगे जाकर सांसारिक जीवन पर अपना असर दिखाया। तब से पढ़ाई, सगे-संबंधी और मित्रों का उनके लिए कोई महत्त्व न रहा। उन्होंने अपने भीतर मानवता, कोमलता और धैर्य धारण जैसे सद्‌गुणों का विकास किया। शारीरिक उत्तेजनाओं पर नियत्रंण पाते हुए

वे स्वादहीन, गंधहीन भोजन का सेवन करने लगे।

उनके जीवन में हुए इस परिवर्तन ने मीनाक्षी मंदिर जाने की उनकी गतिविधियों पर सबसे ज्यादा प्रभाव डाला। पहले मीनाक्षी मंदिर अपने मित्रों के साथ भ्रमण करने जाते थे, परंतु अब वे नटराज रूपी भगवान् शिव, देवी मीनाक्षी और तमिल महर्षियों का अवलोकन करने मंदिर जाने लगे। उन्होंने बताया, "मैं प्रायः ईश्वर से प्रार्थना करता कि वे मुझ पर भी उन महान् तिरसठ तमिल ऋषियों की भाँति भक्ति और कृपा बनाएँ। मैं ईश्वर से अधिक विनती नहीं करता था, फिर भी मेरे अंदर अंतरज्ञान की गहन धारा प्रवाहित होती गई। आत्मा से अश्रुओं की धार बहती, किंतु शारीरिक रूप से किसी भी तरह के सुख-दुःख का आभास न होता।

इसी तरह लगभग 6 सप्ताह गुजर गए। उनके संबंधियों ने उनके भीतर हुए परिवर्तनों को महसूस किया, किंतु जब वे अपनी पढ़ाई को भी नजरअंदाज करने लगे तो किसी ने उनसे इस बारे में वार्त्तालाप न किया। 29 अगस्त, 1896 को एक और घटना घटी। एक बार कक्षा में उन्हें बेन के व्याकरण को तीन बार लिखने का कार्य दिया गया। जब वे लगातार तीसरी बार व्याकरण लिख रहे थे तो अचानक लेखन में अरुचि होने लगी। उन्होंने किताब बंद की और आँखें बंद कर ध्यान की मुद्रा में बैठ गए। उनके बड़े भाई नागास्वामी यह सब देख रहे थे। नागास्वामी ने उन्हें जोर से डाँटा, "क्यों तुम ऐसा व्यवहार करते हो?" एक-दो बार उन्होंने फिर ऐसा व्यवहार किया, किंतु उस पर किसी का ध्यान नहीं गया। लेकिन अब भाई की डाँट के बाद उन्होंने घर छोड़ने का निश्चय कर लिया।

उन्होंने सोचा, 'हाँ, यही तो है मेरे जीवन का असल सत्य'। और यकायक उन्हें अरुणाचल जाने का विचार आया। वे उठे और भाई नागास्वामी से कहा, "उन्हें विद्यालय जाना है, ताकि एक विशेष कक्षा में हाजिरी दे सकें।"

जिस पर नागास्वामी ने जवाब दिया, "जाते हुए मेरे डिब्बे से पाँच रुपए भी ले लेना और मेरी फीस भर देना।"

भारी मन से वे मीनाक्षी मंदिर की ओर निकल गए, मंदिर के द्वार चमत्कारी ढंग से खुले हुए थे और कोई भी वहाँ उपस्थित नहीं था। उस पवित्र जगह उन्होंने अपना निर्णय पक्का किया, ताकि वे घर छोड़ अरुणाचल में निवास कर सकें।

वे अच्छी तरह जानते थे कि उनका परिवार उन्हें घर छोड़कर जाने की अनुमति नहीं देगा, इसलिए उन्होंने बिना किसी को सूचित किए घर से जाने का निर्णय किया। भाई की फीस के वे पाँच रुपए उन्होंने लिए। रेल की समय सारणी में तिरुवन्नामलाई के सबसे नजदीकी स्टेशन तिंडीवनम जाने के लिए टिकट लिया। घर के लिए उन्होंने एक छोटा सा पत्र छोड़ा, जिसमें लिखा था, ''वे अपने पिता की तलाश में हैं और उनकी आज्ञा का पालन करते हुए उन्होंने अपनी यात्रा शुरू कर दी है। एक महान् कार्य के लिए यह सिर्फ एक शुरुआत है। इस यात्रा पर अधिक धन ख़र्च नहीं हुआ है। आपके महाविद्यालय की फीस अभी तक नहीं चुकाई गई है और इस पत्र के साथ दो रुपए भी रखे हैं।''

उनके जीवन का महत्त्वपूर्ण अध्याय अब शुरू हो चुका था।

□

अध्याय : चार

अरुणाचल सफरनामा

अपनी चमत्कारी यात्रा की शुरुआत करते हुए वेंकटरमण ने मदुरई रेलवे स्टेशन से तिंडीवनम का टिकट लिया, किंतु उन्हें इस बात की खबर नहीं थी कि हाल ही में तिरुवन्नामलाई में एक नए स्टेशन की शुरुआत हुई है। इस बात की सूचना उन्हें रेल में ही एक सहयात्री से मिली जो कि मालवू नाम का मुसलमान युवक था। हैरानी की बात यह थी कि यह सूचना देने के बाद मालवू पूरी यात्रा में कहीं नजर न आया।

वे सुबह तीन बजे विल्लूपुरम पहुँच गए। उन्होंने अरुणाचल का रास्ता पूछने के लिए नगर में प्रवेश किया। इस बीच सफर में भूख लगने पर उनके सहयात्री ने उनके लिए भी भोजन मँगाया और उसने किसी भी तरह भोजन का भुगतान लेने से इनकार कर दिया। बचे हुए रुपयों से वेंकटरमण ने अगले स्टेशन का टिकट खरीदा और वहाँ से आगे पावन पहाड़ों तक का सफर पैदल ही तय करने का निर्णय लिया। सूर्योदय के समय अरईयानीन्नालुर के एक मंदिर में दिव्य और चकाचौंध कर देनेवाले प्रकाश ने उनका जोरदार स्वागत किया।

अगले दिन गोकुलाष्टी के पावन पर्व पर एक धर्मपरायण दंपति ने उन्हें पर्याप्त भोजन दिया। उन्होंने अपने माणिक और सोने के कुंडल के बदले उस दंपति से 4 रुपए का ऋण माँगा। दंपति ने उनका निवेदन स्वीकार कर लिया और मिले हुए पैसों से उन्होंने तिरुवन्नामलाई की टिकट ली। आखिरकार एक

सितंबर 1896 की दोपहर वे तिरुवन्नामलाई तक पहुँचे।

वे सीधे अरुणाचलेश्वर मंदिर पहुँचे। मंदिर के द्वार खुले हुए थे, किंतु वहाँ कोई प्राणी उपस्थित न था। वे मुख्य मंदिर तक पहुँचे और अरुणाचल की पावन भूमि को प्रणाम किया। अपने बचे हुए पैसे कुंड में फेंक उन्होंने वस्त्र उतारे और सिर्फ धोती बाँधकर आगे बढ़े। जैसे ही वे मंदिर से निकले, एक व्यक्ति ने उनसे पूछा कि क्या वे अपने सिर के बाल मुंडवाना चाहते हैं। उन्होंने झट से हामी भरी और अपने बाल मुंडवा दिए। उसके बाद अचानक वहाँ वर्षा की हल्की सी झड़ी लगी, जिसे उन्होंने ईश्वर की कृपा माना। ईश्वर को धन्यवाद देने के लिए दुबारा उन्होंने मंदिर के हजारों खंभों वाले मंडप में प्रवेश किया और गहन शांति की अनुभूति की।

तिरुवन्नामलाई में पहली रात मंदिर के हजारों खंभेवाले खुले मंडप में बिताई। जिस दिन वे वहाँ पहुँचे उस दिन उन्होंने कुछ नहीं ग्रहण किया। अगले दिन उन्होंने अपने जीवन की पहली भिक्षा प्राप्त की। उन्होंने इस घटना का विवरण कुछ यों किया, "अगले दिन जब मैं मंडप के सोलहवें खंभे के नीचे जागा तो मेरे पास एक मौनी बाबा आए···

····फिर पालनी नामक एक और स्वामी आए। वे एक तगड़ी कद-काठी के लंबी जटाओंवाले बाबा थे तथा संन्यासिनों के एक गुट के साथ मंदिर की सफाई करते थे। मौनी स्वामी मेरी ओर देख रहे थे, यानी एक अनजान, भूखे, थके हुए आदमी को। उन्होंने पालनी स्वामी की ओर इशारा किया कि मुझे खाने के लिए कुछ दिया जाना चाहिए। उसके बाद पालनी स्वामी गए और मेरे लिए टीन के पात्र में रखा ठंडा भात लाए, जिस पर ऊपर से नमक भुरका हुआ था। वह भगवान् अरुणाचलेश्वर की दी हुई पहली भिक्षा थी।"

मंदिर के पूर्वी दुर्ग से प्रवेश करते हुए दाईं तरफ के हजारों खंभों से घिरे हुए प्रांगण में पहली बार वेंकटरमण शांति का अनुभव कर रहे थे। यहाँ तीर्थयात्रियों का आना-जाना लगा रहता था। उस तीर्थस्थान पर एक अनजान युवक के रूप में वे जल्द ही यात्रियों का ध्यान अपनी ओर आकर्षित करने लगे। वे टकटकी लगाए उन्हें देखते-ताकते रहते। गली के छोकरे उन्हें

उकसाने और परेशान करने लगे। इसमें कोई संदेह नहीं था कि वे लड़के अपनी उम्र के एक शांत, स्थिर और ध्यान मग्न युवक को देख आत्मग्लानि महसूस करते। वे वेंकटरमण पर पत्थर तथा मिट्टी के ढेले मारते और उनका मजाक भी उड़ाते। इतने पर भी वेंकट शांत और स्थिर रहते।

आखिरकार इन सब से अपना ध्यान हटाने के लिए वे पाटिल लिंग के भीतरी हिस्से में चले गए। इस जगह जाने का साहस बहुत कम लोग ही करते थे। कोई नहीं जानता कि वे कितने समय तक उस अज्ञातवास में रहे, किंतु जब उन्हें ढूँढ़ा गया तो वे समाधि में लीन थे। उनके शरीर पर कई जगह चूहों के काटे जाने के निशान थे, जिनमें से खून और मवाद बह रहा था। मंदिर के सेवक और स्थानीय साधुगण इस युवा ब्राह्मण स्वामी के आध्यात्मिक प्रचंड तप का प्रचार करने लगे। इसलिए वे वहाँ से मन्गई पिल्लायर मंदिर चले गए, जहाँ उन्हें अपना पहला उदंडी नाईनर नामक सेवक मिला। जो आत्मबोध के लिए उनके उपदेश सुनता और शिक्षा लेता।

जल्द ही शांत युवा स्वामी की ओर लोगों का ध्यान आकर्षित होने लगा और कई तीर्थयात्री उनसे भेंट करने हेतु आने लगे। इससे वेंकटरमण का ध्यान भंग होने लगा और वे गुरुमूर्तम् नामक नगर चले गए। वहाँ उन्होंने अपने जीवन के 18 महीनों में से अधिकांश समय समाधिमय होकर बिताया।

एक दिन स्वामीजी के सेवक ने उनके लिए एक महाभिषेक का आयोजन किया। एक ऐसा अभिषेक जो दूध, जल और दही से सिर्फ पूजनीय देवताओं को समर्पित किया जाता है। किंतु अभिषेक के तय समय से ठीक पहले सेवक ने उनके पीछे दीवार पर ये पंक्तियाँ लिखी देखीं—"मानव शरीर को भोजन के अलावा अन्य किसी वस्तु की आवश्यकता नहीं।"

लिखित पंक्तियाँ देख लोगों को ज्ञात हुआ कि वह किशोर स्वामी शिक्षित भी हैं और वे उनसे उनका परिचय पूछने लगे। तब स्वामीजी ने उसी दीवार पर लिखा, 'वेंकटरमण तिरुचुली'। बहुत जल्द यह घटना सार्वजनिक हो गई और मदुरई में उनके सगे-संबंधियों के कानों में पड़ी। कुछ ही दिनों में स्वामीजी के चाचा नल्लीयापिय्यर अय्यर तिरुवन्नामलाई पहुँच गए। तब

स्वामीजी आम के बगीचों में निवास करते थे और बाहरी लोगों से बहुत कम मिलते थे। जब नल्लीयापिय्यर वहाँ पहुँचे तो अपने भतीजे को देख हैरान रह गए, क्योंकि वहाँ उनके भतीजे वेंकट की जगह धूल से लदा, हलके बालों और लंबे नाखूनोंवाला एक व्यक्ति था जो कि एक ऋषि की तरह दिखता था। चाचा ने स्वामीजी से घर वापस चलने की विनती की, किंतु याचना का कोई उत्तर नहीं मिला।

नल्लीयापिय्यर मदुरई वापस चले गए, ताकि इसकी सूचना उनकी माँ अझगम्मल को दे सकें। परंतु माता अझगम्मल यह सच्चाई स्वीकार नहीं कर सकीं कि उनके पुत्र ने घर वापस आने से इनकार कर दिया। इसलिए वे स्वयं नागास्वामी के साथ तिरुवन्नामलाई पहुँचीं तो उन्होंने पवाजहकुनरू नामक जगह पर अपने पुत्र को एक शिला पर लेटा पाया। उन्होंने लाख मिन्नतें कीं, आँसुओं के साथ पुत्र से घर वापस चलने का निवेदन किया, किंतु स्वामीजी पर इन सब बातों का कोई प्रभाव नहीं पड़ा।

आखिर में उन्होंने कागज के एक टुकड़े पर लिखकर यह उत्तर दिया, "अपने प्रारब्ध अथवा पूर्व कर्मों के अनुसार ही प्राणी के भाग्य का निर्धारण होता है। भाग्य में जो नहीं लिखा है वह नहीं होगा, किंतु जो भाग्य में लिखा है वह तो होकर ही रहेगा, आप इसे रोकने के लिए कुछ नहीं कर सकते। ये तो पहले से ही निश्चित है, इसलिए शांत रहना ही उत्तम है।"

अंततः स्वामीजी की इच्छानुसार एक गुफा से दूसरी गुफा में भटकते अपने पुत्र को अरुणाचल में ही छोड़ माता अझगम्मल मदुरई वापस आ गईं।

पहाड़ों में उनके शुरुआती दिनों का बयान करने से पूर्व हमें ये ध्यान देना होगा कि कैसे शुरुआती दिनों मदुरई में रहते हुए भक्ति मार्ग से उन्हें आत्म-ज्ञान प्राप्त हुआ। कैसे मरने की वह पहली अनुभूति उन्हें अंधकार से दिव्य प्रकाश की ओर ले गई।

आगे चलकर यही आत्मबोध उनके ज्ञान की कुंजी बनी, जिससे वे अपने विद्यार्थियों को संसार से विमुक्ति की शिक्षा देते। इसी प्राचीन पद्धति को नए ढंग में ढालकर उन्होंने अपनी लेखनी योग वशिष्ठ में इसका उल्लेख

किया, ताकि यह पद्धति नई पीढ़ी के लिए अत्यंत सरल और उपयुक्त बन जाए। आत्मपरिचय अथवा आत्मबोध जैसा ज्ञान इससे पहले केवल प्रख्यात ब्राह्मणों और परंपरागत गुरुओं के लिए था, किंतु इस किशोर स्वामी ने अपनी साधना से इसे उन लोगों के लिए सरलतम बना दिया जो अपने राष्ट्र और पृष्ठभूमि जैसे सांसारिक बंधनों से विमुख होकर आत्म-प्राप्ति द्वारा परमात्मा को पाना चाहते थे।

अरुणाचल की तरफ उनका गमन अध्यात्म की सार्थकता के लिए था। स्कंद पुराण से लिए हुए अंश से जैसा कि उन्होंने अपनी कविता श्री अरुणाचल माहात्म्य में लिखा है—

"अरुणाचल को सबसे पावन स्थान कहना उचित होगा! यह सभी स्थानों में सबसे महान् है! इसे पृथ्वी के हृदय की तरह जानो। यह स्वयं शिव है। यह एक आध्यात्मिक महत्त्व वाला रहस्यमय स्थान है। भगवान् शिव जहाँ हमेशा से निवास करते हैं उस चमत्कारी पहाड़ का नाम है अरुणाचल। मैं भगवान् शिव, स्वयं यह आदेश देता हूँ कि बिना दीक्षा लिए भी जो मनुष्य इस स्थान के तीन योजन में रहेगा उसे परमात्मा की प्राप्ति होगी।"

हजारों सालों से अरुणाचल तीर्थयात्रियों के लिए पवित्र स्थान है। सदियों से महान् ऋषि, साधु-संत यहाँ विचरण करते हैं तथा इसकी कंदराओं में निवास करते हैं।

पुराणों में लिखा है कि एक बार भगवान् विष्णु और ब्रह्मा के बीच विवाद हुआ कि उनमें से सर्वश्रेष्ठ कौन है। इसके निर्णय हेतु वे दोनों भगवान् शिव के पास पहुँचे। भगवान् शिव एक विशाल प्रकाशपुंज में परिवर्तित हो गए और दोनों देवों से इस प्रकाशपुंज के शीर्ष अथवा आधार तक पहुँचने को कहा। ब्रह्माजी ने उसका शीर्ष सिरा ढूँढ़ने की चुनौती स्वीकार ली और एक राजहंस का रूप धरकर ऊपर की ओर उड़े। वे बहुत ऊपर तक उड़े, किंतु शीर्ष तक न पहुँच पाए। ऊपर की ओर उड़ते हुए मार्ग में उन्हें केवड़े के फूल दिखे। ब्रह्माजी ने फूलों से आग्रह किया कि भगवान् शिव के समक्ष वे गवाही दें कि यह फूल उन्हें प्रकाशपुंज के शीर्ष से मिले हैं, किंतु भगवान्

शिव को सब ज्ञात हो गया। उन्होंने ब्रह्माजी को श्राप दिया कि किसी भी मंदिर में उनकी अर्चना नहीं होगी और उन्होंने केवड़े के फूलों को भी खुद के पूजन में वर्जित कर दिया।

उधर भगवान् विष्णु ने शूकर का अवतार लिया और शिव के चरणों की ओर बढ़ते गए। बहुत दूर तक चलने के पश्चात् भी वे प्रकाशपुंज के आधार तक पहुँचने में असफल रहे। भगवान् शिव उनकी इस भावना से अति प्रसन्न हुए और उन्हें अपने हृदय में स्थान दिया। तब दोनों देवों ने माना कि भगवान् शिव ही त्रिदेवों में परम पूज्य हैं।

अरुणाचल आज की भाँति ही सदियों से अमर है। शिवलिंग की तरह इस पवित्र पर्वत की पूजा की जाती है। यह आनेवाले यात्रियों के लिए स्वयं ईश्वर की तरह शक्ति प्रदान करनेवाला और अध्यात्म की ओर अग्रसर करनेवाला है।

पर्वत पर रहते हुए स्वामीजी एक गुफा से दूसरी गुफा की ओर प्रस्थान करते रहते, ताकि ध्यान की गहराइयों का आनंद ले सकें। वे अकसर लंबे समय तक समाधि की मुद्रा में रहते। तमिलनाडु की भीषण गरमी से बचने के लिए आम की गुफा से वीरूपसखा नामक एक ठंडी कंदरा में चले गए। विरूपसखा गुफा में रहते हुए ही उन्होंने एक दिन अपने विद्यार्थियों के साथ घूमते हुए 108 श्लोकों की एक कविता 'द मेरिटल गालैंड ऑफ लेटर्स' की रचना की। एक ऐसी कविता, जो आदर्श, रहस्यमयी आध्यात्मिक महत्त्व और भक्तिरस से परिपूर्ण, भक्त और भगवान् के बीच अभिवाचनों की थी। जो साधु स्वामीजी से जुड़े हुए थे, वे इस कविता का उच्चारण नगर में भिक्षा माँगते वक्त किया करते थे। तब से पूरी दुनिया में इस कविता को स्वामीजी के भक्त हर सप्ताहांत अथवा आश्रम के शुभ कार्यों की शुरुआत में गाया करते हैं। यह कविता कार्तिगई दीपम उत्सव में भी गाई जाती है, जब पर्वत शृंखला के शीर्ष पर एक विशाल प्रकाशपुंज रखा जाता है और दक्षिण भारत से लाखों श्रद्धालु आकर इसकी परिक्रमा करते हैं। कई लोग तो पूर्णिमा की रात भी इसका गान करते हैं।

अरुणाचल की पवित्र कंदराओं में यात्रा करते वक्त किशोर स्वामी अपनी आध्यात्मिक विचारधारा से कई लोगों के लिए आकर्षण का केंद्र बने। उनसे मिलनेवालों में से पहले थे श्री गंभीरम सेशियर, जिन्होंने स्वामीजी के आगे प्रश्नों की झड़ी लगा दी, किंतु स्वामीजी ने शांत रहकर लिखित में उनके सभी प्रश्नों का उत्तर दिया। उनके वार्त्तालाप के फलस्वरूप आत्मबोध की पद्धति के सभी रहस्य परोक्ष रूप से पूरे संसार के सामने आ गए।

उसी समय शिवप्रकाशम पिल्लई ने भी एक प्रश्न पूछा, जिसके परिणामस्वरूप स्वामीजी ने अपने जीवन के प्रारंभिक शोध का खुलासा किया—"मैं कौन हूँ?" इससे पुनः उनकी पद्धति खुलकर सामने आई कि अगर अडिग रहकर गंभीरता से इस पद्धति का पालन किया जाए तो आत्मबोध की प्राप्ति होती है और भ्रांतिमय सिद्धांत का मार्ग भी प्रशस्त हो सकता है। उन्होंने लिखा—

"कौन हूँ मैं? निरंतर अंतरमन में इस प्रश्न का उत्तर ढूँढ़ते रहो, इससे तुम स्वयं को पाओगे और मोक्ष की भी प्राप्ति होगी।"

इसके बाद स्वामीजी की कृपा हुई एक ऐसे व्यक्ति, पर जो उन्हीं की तरह पहाड़ों पर ध्यान और तप कर रहे थे। एक महान् योगी, संस्कृत के विद्वान् और एक प्रतिभाशाली कवि काव्यकांत गनपति मुनि शास्त्री। यह मिलाप बहुत सौभाग्यशाली रहा।

स्वामीजी की अपार कृपा उन पर लगातार पंद्रह मिनट तक होती रही और शास्त्रीजी की आत्म अनुभूति और आध्यात्मिक संघर्ष ने हार मान ली। तब स्वामीजी अपनी शांति भंग करते हुए तमिल में बोले, "मनुष्य के भीतर जब 'मैं' की भावना मस्तिष्क से तिरोहित हो जाती है तो वह तप है। उस समय जब एक मंत्र दोहराते हैं और सारा ध्यान उस मंत्र की ओर आकर्षित हो जाता है और मस्तिष्क उसे ग्रहण कर लेता है तो वह तप कहलाता है।"

गनपति मुनि किशोर स्वामीजी की स्पर्शक उपस्थिति और उत्तरों से अभिभूत हो गए। उन्होंने उद्घोषणा की, "अब से भविष्य में ब्राह्मण स्वामी को श्री भगवान् रमण महर्षि के नाम से जाना जाएगा।" बाद में मुनि ने एक

खूबसूरत कविता की रचना की, जिसका नाम था—श्री भगवान् की प्रशंसा में चालीस छंद (द फोर्टी वर्सेज इन प्रेज ऑफ श्री भगवान)।

मुनि का महर्षिजी से एक विशिष्ट और करीबी संबंध था। रमण उन्हें नयना कहकर बुलाया करते। दोनों एक साथ तालाबों में स्नान करते, पहाड़ों पर चढ़ते और अद्वैत वेदांतों पर चर्चा करते।

एक आर्श्चयजनक घटना नयना के प्रति रमण का प्रेम दर्शाती है। भगवान् ने बताया, ''एक बार लेटे हुए अचानक मुझे अहसास हुआ कि मेरा शरीर ऊपर उठ रहा है। धीरे-धीरे इतना ऊपर उठता गया कि वहाँ सारी चीजें अदृश्य हो गईं। एक घने श्वेत प्रकाश के अलावा वहाँ कुछ भी नजर नहीं आ रहा था। फिर अचानक मैं नीचे की ओर आने लगा और सभी वस्तुएँ नजर आने लगीं। मैंने स्वयं से कहा : प्रत्यक्ष है सिद्ध पुरुष ऐसे प्रकट और अदृश्य होते हैं। मुझे विचार आया कि मैं तिरुवोतियुर में था और मैं गनपति के साथ मंदिर गया था। फिर मेरी नींद खुल गई और मैंने खुद को विरूपसखा गुफा में लेटा हुआ पाया।''

1908 में यह चमत्कारी घटना तब घटी जब काव्यकांतजी तिरुवोतियुर गनपति मंदिर में थे। तप करते हुए उन्हें कुछ समस्या हुई और उनकी प्रबल इच्छा हुई कि श्री भगवान् यहाँ आकर उनका मार्गदर्शन करें। तत्काल ही उन्होंने श्री भगवान् को मंदिर में प्रवेश करते देखा। मुनि ने श्री भगवान् को साष्टांग प्रणाम किया और श्री भगवान् ने अपना हाथ मुनि के सिर पर रखा। मुनि को बिजली का झटका सा लगा और महसूस हुआ कि जैसे उन्हें अपने गुरु से हस्तदीक्षा मिल गई हो।

इन्हीं दिनों रामास्वामी अय्यर नामक एक और धर्मपरायण भक्त था। श्री भगवान् से दूसरी मुलाकात के दौरान जब उसने उन्हें साष्टांग प्रणाम किया तो उसने कहा, ''जैसे जीजस और अन्य महान् आत्माएँ इस संसार से पापियों की मुक्ति के लिए आ पहुँची हों। तो क्या मेरे लिए आशा की किरण है?' तत्काल ही अंग्रेजी में एक सहानुभूति भरा उत्तर मिला, ''हाँ उम्मीद है, आशा की किरण है''

वहाँ इचाम्मल नामक एक महिला भी थी, जिसने एक के बाद एक अपने पति और दो बच्चों को खो दिया था। जब वह सांत्वना पाने के लिए श्री भगवान् के पास आई तब वे शांत मुद्रा में बैठे थे। वह एक घंटे तक उनके सामने बैठी और उसी क्षण उसके मन में चल रही दुःख की भावनाएँ पूरी तरह से बदल गईं। उसे महसूस हुआ कि महर्षिजी की कृपा से उसके सभी दुःख हमेशा के लिए खत्म हो गए। वह स्वामीजी के पास तिरुवन्नामलाई चली गई और अपना पूरा धन उनकी सेवा में लगा दिया। वह लगातार स्वामीजी और उनके विद्यार्थियों के लिए अच्छा भोजन लाती रही।

इस तरह श्री भगवान् रमण महर्षि अरुणाचल की पावन गुफाओं में अपने पहले के कुछ अनुयायियों के साथ निवास करने लगे और शांतिपूर्ण तरीके से अपने बताए हुए मार्ग की ओर अग्रसर करते रहे।

□

अध्याय : पाँच

अरुणाचल के शुरुआती दिन

लगभग इन्हीं दिनों पहली बार महर्षिजी के समक्ष एक विदेशी का आगमन हुआ। वह एफ.एच. हंप्रेहस नाम का अंग्रेज था, जो आरकोट जिले का सहायक निरीक्षक पुलिस ऑफिसर था। धार्मिक होने के कारण हाल ही में उसकी मुलाकात गनपति मुनि से हुई थी। वह जानना चाहता था कि क्या अब भी पहाड़ों पर ऐसे मनुष्य जीवित हैं, जिन्हें 'स्वयं' की प्राप्ति हो चुकी है। यह सुनकर मुनि उन्हें श्री भगवान् के पास ले आए। उस अंग्रेज ने महर्षि से पूछा, "वह किस तरह इस संसार की सहायता कर सकता है?"

श्री भगवान् ने उत्तर दिया, "सर्वप्रथम स्वयं की मदद करो, उसके बाद ही तुम संसार की सहायता कर सकते हो, तुम इस संसार में हो, तुम स्वयं ही संसार हो। तुम इस संसार से अलग नहीं हो, न ही यह संसार तुमसे अलग है।"

गुरु ने उन्हें सलाह दी कि खुद को आत्मसमर्पण की गहराइयों में उतारने का प्रयत्न करो। इसके बाद हंप्रेहस ने पुलिस की नौकरी से इस्तीफा दे दिया और इंग्लैंड के एक रोमन कैथोलिक मठ में शामिल हो गया।

इस दौरान श्री भगवान् की माँ अकसर उनसे मिलने आया करतीं। एक बार उनका स्वास्थ्य बिगड़ गया तो उनके पुत्र ने विरूपसखा की गुफा में लगभग तीन हफ्तों तक उनकी देखभाल की।

उनके परिवार में इसके बाद एक के बाद एक विपत्तियों का ताँता लगने

लगा। सन् 1900 में उनके बड़े पुत्र की मृत्यु हो गई। उसके थोड़े ही दिनों बाद उनके देवर की भी मौत हो गई। इसी के बाद उनके छोटे पुत्र की पत्नी भी मौत की गोद में सो गईं। इसलिए सन् 1916 में उन्होंने अपने पुत्र के पास अरुणाचल जाने का निर्णय लिया जो अब श्री भगवान् रमण महर्षि के नाम से जाने जाते थे।

तब महर्षि विशाल खुले हुए स्थान से तिरुवन्नामलाई मंदिर के सामने पहाड़ी पर बने स्कंदाश्रम नामक छोटे से घर में निवास करने लगे। माता उनके लिए भोजन बनाने लगीं और कुछ ही दिनों बाद उनके सबसे छोटे भाई, जिनकी पत्नी की मृत्यु हो गई थी, वे भी उनके साथ रहने लगे। जब माता उनके साथ रहने लगीं तो श्री भगवान् उन्हें धीरे-धीरे आत्म-प्राप्ति से परमात्मा की ओर अग्रसित करने लगे। 1922 में जब वे मृत्यु शैय्या पर थीं तो उन्हें स्पर्श कर महर्षि ने उन्हें आत्मबोध का ज्ञान दिया।

मुत्यु के बाद उनका अंतिम संस्कार हिंदू रीति-रिवाज के विपरीत हुआ। उन्हें दफनाया गया, क्योंकि वे एक आत्मबोध प्राप्त करनेवाली मनुष्य थीं और अब वे एक जननी थीं। बाद में जब महर्षि पहाड़ों को छोड़ आश्रम में निवास करने आए तो मत्रुभूतेश्वर यानी माता का मंदिर नामक एक मंदिर का निर्माण हुआ, जो कि रमणाश्रम के प्रवेश द्वार पर ही बनाया गया। उस दिन से विद्यार्थियों की संख्या बढ़ती गई और अब उनके उपदेश पश्चिम तक पहुँचने लगे।

आश्रम में आने के पश्चात् महर्षि को पता चला कि यहाँ पानी की व्यवस्था नहीं है। अपने आत्मबल से माता का स्थान सुनिश्चित करने के उपरांत महर्षि को एक स्थान की तरफ इशारा मिला, जहाँ 2 या 3 फीट खोदने पर ही पानी का स्रोत मिल गया। बाद में वह जल स्रोत गहरे कुएँ में परिवर्तित हो गया, जो आश्रम में पानी की आवश्यकता की पूर्ति करने में सक्षम था। □

अध्याय : छह

शिवप्रकाश पिल्लई और 'कौन हूँ मैं?'

पहाड़ों पर अपने शुरुआती दिनों में किशोर संत हमेशा आत्म-जागरण और परमानंद में डूबे रहते थे। एक के बाद एक जिज्ञासु आने लगे और यह प्रवाह शिवप्रकाश पिल्लई के साथ शुरू हुआ। यह खोजी मस्तिष्क वाला दर्शनशास्त्र में स्नातक का छात्र था। 1902 में वह श्री भगवान् के समक्ष प्रश्नों की एक लंबी सूची लेकर उपस्थित हुआ। इन प्रश्नों के स्मरणीय उत्तरों से आत्मसात् करनेवाले महत्त्वाकांक्षियों के लिए श्री भगवान् के उपदेशों का एक संग्रह बन गया। उनके पूरे जीवनकाल के दौरान आश्रम में आनेवाले यात्रियों को उनके उपदेशों का संग्रह पढ़ने के लिए दिया जाता, ताकि उन्हें भी स्वामीजी के ज्ञान का थोड़ा अनुभव हो सके। उस समय श्री भगवान् ने सभी उत्तर लिखित में दिए, क्योंकि तब उन्होंने मौन धारण किया हुआ था। उन्होंने पिछले एक भक्त गंभीरम सेशियर को आत्म-निरीक्षण के सभी प्रश्नों का उत्तर दिया था। वे उत्तर बाद में आत्म-परीक्षण पर हुए एक शोध के साथ प्रकाशित हुए, जिसमें आत्म-विचार के विभिन्न मार्गों की व्याख्या थी। तथापि उनके प्रारंभिक ऐतिहासिक लेख 'कौन हूँ मैं' बहुत महत्त्वपूर्ण है, जो यहाँ उद्धृत किया जा रहा है।

कौन हूँ मैं?

किसी विपत्ति में फँसे बिना सभी जीवित प्राणी हमेशा सुखी रहने की कामना करते हैं। उन्हें सर्वोच्च प्रेम स्वयं से होता है। सुख ही प्रेम उत्पन्न

करता है। प्रकृति के अनुरूप ही सुख प्राप्ति की कामना अथवा गहरी नींद में जब मन में कोई विचार नहीं होता, तब प्राणी को स्वयं का ज्ञान होना आवश्यक है। 'कौन हूँ मैं' यह जानने का साधन और ज्ञान का मार्ग ही उसका प्रधान माध्यम है।

1. कौन हूँ मैं?

सात धातुओं से बना यह शरीर, मैं नहीं हूँ···

पाँचों इंद्रियाँ अर्थात् सुनने की क्षमता, स्पर्श, दृष्टि, स्वाद और गंध, जो उनके पाँच उद्‌देश्यों को दर्शाते हैं जैसे ध्वनि, स्पर्श, रंग, स्वाद और गंध, ये मैं नहीं हूँ···

पाँच संज्ञानात्मक इंद्रिय साधन जैसे वाणी, गति, अवलोकन, उत्सर्जन और प्रजनन, जिनके अपने महत्त्वपूर्ण कार्य हैं—बोलना, प्रस्थान करना, पकड़ना, उत्सर्जन और भोग करना, यह मैं नहीं हूँ···

पाँच सक्रिय वायु, प्राण आदि जो श्वास हेतु पाँच प्रकार से कार्य करती हैं, मैं नहीं हूँ, जो दिमाग सोचता है वह भी मैं नहीं हूँ···

अज्ञेयवादी, जो किसी वस्तु के अवशेष से प्रकट हुआ हो, मैं नहीं हूँ, और जिसमें कोई उद्‌देश्य और कोई क्रियाएँ न हों, मैं नहीं हूँ।

2. यदि मैं इनमें से कोई नहीं, तब मैं कौन हूँ?

उल्लिखित सभी कुछ नकारने के पश्चात् जो भी मैं नहीं हूँ, बाकी बची अभिज्ञता ही मैं हूँ।

3. अभिज्ञता की प्रकृति क्या है?

अस्तित्व-चेतना-परमानंद ही अभिज्ञता की प्रकृति है।

4. आत्मबोध की प्राप्ति कब होगी?

संसार को जिस प्रकार देखा जाता है, जब वह नजरिया मिट जाएगा तब आत्मबोध की प्राप्ति होगी, जो एक भविष्यद्रष्टा के समान होगा।

5. क्या संसार के बीच रहते हुए आत्म-प्राप्ति संभव होगी?

नहीं, ऐसा नहीं होगा।

6. ऐसा क्यों?

भविष्यद्रष्टा और उद्‌देश्य, साँप और रस्सी की भाँति हैं। भ्रमिक सृप रूपी अज्ञान के हटे बिना रस्सी समान ज्ञान नहीं उभरेगा। इसी प्रकार संसार की वास्तविकता का भ्रम हटे बिना जीवन का आधार यानी आत्मबोध की प्राप्ति असंभव है।

7. उद्‌देश्य की भाँति दिखनेवाला संसार का भ्रम कब हटेगा?

सभी क्रियाओं और ज्ञान का कारक मस्तिष्क जब पूर्णत: शांत हो जाएगा, तब नजरों से संसार विलुप्त हो जाएगा।

8. मस्तिष्क की प्रकृति क्या है?

मस्तिष्क अंतर में छिपी एक आश्चर्यजनक शक्ति है। यही विचारों की उत्पत्ति का कारक है। मस्तिष्क में विचारों के अलावा और कुछ नहीं। इसलिए विचार ही मस्तिष्क की प्रकृति है। सिर्फ हमारे विचारों में ही संसार का स्वतंत्र अस्तित्व है। गहरी निद्रावस्था में जब हमारे भीतर कोई विचार नहीं होते, तब हमारे लिए इस संसार का भी कोई अस्तित्व नहीं होता। किंतु स्वप्न देखते समय और जागते समय, हमारे मस्तिष्क में ढेरों विचार होते हैं, इसलिए तब संसार भी है। जिस तरह एक मकड़ी स्वयं ही जाल बुनती है और उसमें रहने लगती है, उसी प्रकार हमारा मस्तिष्क भी इस संसार की रचना स्वयं ही करता है।

जब मस्तिष्क स्वयं से बाहर आ जाता है तब संसार दिखने लगता है। इसलिए जब संसार वास्तविक लगता है तब स्वयं को नहीं देख पाते और जब स्वयं की प्राप्ति होती है तो यह संसार नहीं दिखता। दिमाग में लगातार आत्म-चिंतन करते रहने से दिमाग खत्म हो जाता है और स्वयं की प्राप्ति होती है। और जिस स्वयं की प्राप्ति होती है वह आत्मा है। मस्तिष्क हमेशा निर्भर होता है, यह अकेला नहीं रह सकता। यह मानव शरीर अथवा जीव ही मस्तिष्क है।

9. मस्तिष्क की प्रकृति को समझने का मार्ग क्या है?

इस शरीर में 'मैं' की भाँति जो उठता है वह मस्तिष्क ही है। परीक्षण करने पर पता चलेगा कि पहली बार शरीर में 'मैं' की उत्पति हृदय से होती है। हृदय से ही मस्तिष्क की उत्पति होती है। यदि कोई लगातार 'मैं' यानी

स्वयं का चिंतन करेगा तो स्वयं ही निष्कर्ष तक पहुँचेगा। दिमाग में आनेवाला पहला विचार है 'मैं'। इसके बाद ही अन्य विचार उत्पन्न होते हैं। सबसे पहले स्वयं का आभास होता है उसके बाद है दूसरे और तीसरे व्यक्तित्व का आभास। बिना स्वयं की अनुभूति के दूसरे-तीसरे का आभास असंभव है।

10. मस्तिष्क को शांत कैसे करेंगे?

जिस तरह चिता को जलानेवाली लकड़ियाँ आखिर में खुद जलकर राख हो जाती हैं उसी तरह 'कौन हूँ मैं' के परीक्षण से 'कौन हूँ मैं' का विचार नष्ट हो जाएगा और आत्मबोध की प्राप्ति होगी।

11. 'कौन हूँ मैं' विचार का निरंतर जप, आखिर इसका क्या मतलब है?

मन में अनेक विचार पनपते हैं, किंतु मनुष्य को उनका पीछा करने के बजाय यह सोचना चाहिए कि आखिर ये विचार क्यों उठते हैं। इससे कोई फर्क नहीं पड़ता कि मन में कितने विचार उठते हैं। प्रत्येक विचार उठने पर मनुष्य को निष्ठा से यह सोचना चाहिए कि आखिर ये विचार क्यों पनपते हैं? इससे उत्तर निकलेगा सिर्फ मेरे लिए यह विचार उत्पन्न होते हैं। इसके बाद यदि परीक्षण किया जाए कि 'मैं कौन हूँ?' तो मस्तिष्क इसके स्रोत की ओर जाएगा और जो विचार उत्पन्न हुआ है वह निष्क्रिय अर्थात् शांत हो जाएगा। इसके निरंतर प्रयास से मन अपने स्रोत में रहने के कौशल का विकास करेगा।

मन को बाहर न जाने दो, इसे हृदय की ओर यानी अंतर्मुखी बनाओ। मन को हृदय से बाहर की ओर करना बहिर्मुखी कहलाता है। इस तरह जब मन हृदय में वास करेगा तब 'मैं' का विचार चला जाएगा और स्वयं की प्राप्ति होगी। 'मैं' के अहंकार के बिना ही मनुष्य को सभी कार्य करने चाहिए। ऐसा करने पर सबकुछ शिव की प्रकृति नजर आएगी।

12. क्या मस्तिष्क को शांत करने के मार्ग और नहीं हैं?

परीक्षण के बजाय और कोई पर्याप्त साधन नहीं। अन्य साधनों से मस्तिष्क पर नियंत्रण किया जा सकता है, किंतु कुछ समय पश्चात् यह दोबारा सामने आ जाएगा। श्वास के नियंत्रण से भी मस्तिष्क को शांत किया जा

सकता है, किंतु जब तक श्वास रुकी है तब तक मन शांत रहेगा उसके बाद फिर से भ्रमण करेगा और उत्तेजित होगा। मन और श्वास का स्रोत एक ही है।

विचारों की उत्पति मस्तिष्क का स्वभाव है। मन में आनेवाला पहला विचार है 'मैं', जो कि अहम से भरा है। जहाँ से अहम की उत्पत्ति होती है वहीं श्वास का भी स्रोत है। इसलिए जब मन शांत होता है तो श्वास पर नियंत्रण पाया जा सकता है और श्वास के नियंत्रण से ही मन शांत रहता है। लेकिन गहन निद्रा में जब मन शांत होता है तब भी श्वास चलती है। यह ईश्वर की इच्छा से होता है, ताकि मानव शरीर सुरक्षित रहे और मृत्यु को प्राप्त न हो। जागते समय और समाधि में भी मन शांत रहता है और श्वास पर नियंत्रण रहता है। श्वास ही मन का सकल रूप है। मृत्यु आने तक मन शरीर में श्वास लेता है और जब शरीर मर जाता है तब मन शरीर से अलग हो जाता है। इसलिए श्वास के नियंत्रण की प्रक्रिया मन को शांत करने में सहायक होती है, यह मन को भंग नहीं करती।

अतः श्वास नियंत्रण की पद्धति, ईश्वर का ध्यान, मंत्रों का निरंतर जप, भोजन पर रोक आदि मन को शांत करने में सहायक हैं।

ईश्वर के रूपों का ध्यान और मंत्रों के निरंतर जप से मन एकाग्रचित्त हो जाता है। मन हमेशा भ्रमण करता रहता है। जैसे हाथी की सूँड़ में एक जंजीर पकड़ा देने से वह सिर्फ उसे पकड़ सकता है और कुछ नहीं कर पाता, उसी प्रकार मन को एक नाम और रूप दे देने से वह उसे ही पकड़े रह जाता है और कुछ नहीं सोचता। जब मस्तिष्क एक समय में अनेक विचारों को जन्म देता है तो सभी विचार कमजोर पड़ जाते हैं, लेकिन जब विचार सुलझ जाते हैं तो मन एकाग्रचित हो और तेज हो जाता है और आत्म-परीक्षण करना सरल हो जाता है। सात्त्विकता की सभी सीमाएँ जैसे सात्त्विक भोजन, शुद्ध प्रकाश और शाकाहारी होना; ये सभी आत्म-परीक्षण में सहायक हैं।

13. अवशिष्ट विचार सागर की लहरों की तरह नजर आते हैं। आखिर ये कब नष्ट होंगे?

जब स्वयं पर लगाई हुई ध्यान-समाधि का स्तर बढ़ता जाता है तब सभी

अवशिष्ट विचार नष्ट हो जाते हैं।

14. क्या अनादि समय से आनेवाले अवशिष्ट विचारों का समाधान हो सकता है, जिससे पूर्णतः स्वयं की प्राप्ति हो सके?

'ये संभव है या नहीं?' इसकी ओर झुकने के बजाय, मनुष्य को स्वयं पर ध्यान-समाधि लगानी चाहिए। यदि कोई मनुष्य पापी भी है तो भी उसे चिंतित होकर रोना नहीं चाहिए कि ओह मैं तो पापी हूँ, अब मैं कैसे बचूँगा? उसे यह विचार त्याग देना चाहिए कि वह पापी है, उत्सुकता से स्वयं पर ध्यान लगाना चाहिए तभी वह सफल होगा। एक अच्छा और दूसरा बुरा—दो मन नहीं हैं, मन तो केवल एक है। अच्छे और बुरे तो अवशिष्ट विचार हैं—शुभ और अशुभ। जब मन में शुभ विचार आते हैं तो यह अच्छा कहलाता है और जब मन में अशुभ विचार आते हैं तो इसे बुरा माना जाता है।

मन को सांसारिक वस्तुओं की ओर तथा दूसरों के लिए भटकना नहीं चाहिए। बुरे लोगों के लिए मन में घृणा का भी विचार नहीं आना चाहिए। अभिलाषाएँ और घृणा दोनों का ही विचार न करें। जो कुछ दूसरों को दिया जाता है, वही स्वयं को भी मिलता है। जब मनुष्य के भीतर स्वयं की भावना उजागर होती है, तब सब उजागर हो जाता है और जब स्वयं शांत हो जाता है तो सबकुछ शांत हो जाता है। अगर मन शांत हैं तो मनुष्य कहीं भी निवास कर सकता है।

15. आत्मसात् के परीक्षण की पद्धति को कितना समय लेना चाहिए?

मन में जितने ऊँचे भाव उठते हैं, उतना ही लंबा आत्म-परीक्षण भी आवश्यक है। भावों के उठते ही उन्हें नष्ट कर देना चाहिए, या फिर उनके मूल तक पहुँच तक परीक्षण करना चाहिए। यदि ध्यान अथवा चिंतन के द्वारा आत्म-परीक्षण करते रहें तो अंततः मूल की प्राप्ति होगी, बस यही करना होगा। उदाहरणतः किले पर धावा बोल देनेवाले शत्रुओं को यदि देखते ही नष्ट कर दिया जाए तो किला अपने हाथ में होगा।

16. स्वयं की प्रकृति क्या है?

सत्य में केवल स्वयं का ही वास है। विश्व, जीवात्मा और परमात्मा

सभी इसमें नजर आते हैं। स्वयं वह है जब मन में 'मैं' का कोई विचार नहीं उठता। यह है 'शांति'। स्वयं ही विश्व है, स्वयं ही 'मैं' है, स्वयं ही ईश्वर है, शिव ही स्वयं है।

17. क्या सब ईश्वर का काम है?

बिना इच्छा के, खंडन के या कोशिश के, सूर्य उदय होता है और उपस्थित रहते हुए अग्नि की भाँति जलता है। कमल खिलते हैं, जल वाष्प बनता है, लोग अपने कई कार्य करते हैं और विश्राम करते हैं। जैसे एक चुंबक की उपस्थिति में सूई चलती है उसी तरह ईश्वर की उपस्थिति में जीवात्मा तीन कार्य या पाँच पहरों में अपने कर्मों के अनुसार कार्य और विश्राम करती है। ईश्वर स्वयं उससे कोई कर्म जोड़ते या हटाते नहीं। सूर्योदय या अन्य चार तत्त्वों का व्यापक होना सांसारिक कार्य है।

18. भक्तों में से महानतम कौन है?

वह जो खुद को स्वयं यानी ईश्वर में अर्पित करता है, सबसे उच्च भक्त है। खुद को ईश्वर को समर्पित करने का अर्थ है स्वयं की प्राप्ति, बिना किसी अन्य विचार को मन में उत्पन्न किए स्वयं का निरंतर ध्यान। ईश्वर हर बोझ उठाने में संभव हैं। जब ईश्वर ही समस्त वस्तुओं को चला रहे हैं तो हमें क्यों कुछ करना। बिना खुद को इसमें अर्पित किए, हमेशा चिंतन करें कि क्या किया जाना चाहिए और कैसे, तथा क्या नहीं किया जाना चाहिए और कैसे नहीं किया जाना चाहिए। जिस प्रकार हमें पता है कि रेल सारा बोझ उठाएगी तो रेल के डिब्बे में चढ़ जाने के पश्चात् हमें अपना बोझ या सामान डिब्बे में रख देना चाहिए, आखिर क्यों अपने सिर पर बोझ लिए असुविधा महसूस करें?

19. अनासक्ति क्या है?

भावों के उठते ही उनके मूल से उन्हें नष्ट कर देना ही अनासक्ति है। जिस प्रकार मोती पकड़नेवाला अपनी कमर में पत्थर बाँधकर सागर में डुबकी लगाता है, ताकि असली मोती पा सके, उसी प्रकार हमें भी पूर्णत: अनासक्ति से खुद के साथ मन रूपी सागर में डुबकी लगानी चाहिए, ताकि स्वयं नामक

असली मोती प्राप्त कर सकें।

20. आत्मा की मुक्ति पर प्रभाव डालना क्या ईश्वर और गुरु के लिए संभव नहीं?

ईश्वर और गुरु सिर्फ मुक्ति का मार्ग दिखा सकते हैं, वे स्वयं आत्मा को मुक्त नहीं कर सकते। गुरु और ईश्वर में कोई फर्क नहीं। जैसे कि कोई शिकार बाघ के जबड़ों से छूट नहीं सकता, उसी प्रकार जो गुरु की दयामय देख-रेख के दायरे में आ गए हैं, वे बच जाएँगे। हालाँकि गुरु और ईश्वर के दिखाए मार्ग पर चलकर मुक्ति का मार्ग ढूँढ़ने की कोशिश स्वयं भी करनी चाहिए। किसी और की नजरों के बजाय खुद को अपनी ज्ञानमयी दृष्टि से देखो। क्या राम को यह जानने के लिए एक शीशे की आवश्यकता है कि वह स्वयं राम हैं।

21. क्या मुक्ति के लिए तत्त्वों की प्रकृति जानना आवश्यक है?

जैसे कि कूड़ा फेंकने से पहले उसका विश्लेषण करना आवश्यक नहीं, उसी प्रकार स्वयं प्राप्ति के लिए तत्त्वों की संख्या तथा उसकी विशेषताओं का ज्ञान भी आवश्यक नहीं, जो भी 'स्वयं' को ढाँकता हो उन तत्त्वों को अस्वीकार कर देना उचित है। संसार को एक स्वप्न की भाँति देखना चाहिए।

22. तो क्या जागने में और स्वप्न देखने में कोई अंतर नहीं?

स्वप्न छोटे समय के लिए आता है और जाग्रत् अवस्था लंबे समय तक रहती है, इसके अलावा दोनों में कोई फर्क नहीं। जैसा कि जागते समय अहसास होता है कि यह वास्तविक है उसी तरह स्वप्न देखते समय उसके वास्तविक होने का भी भ्रम रहता है। स्वप्न देखते समय, मन दूसरे शरीर का रूप ले लेता है। स्वप्न और जाग्रत् अवस्था में मन विचारों, नामों और रूपों के साथ रहता है।

23. जो मुक्ति की कामना रखते हैं क्या उनके लिए पुस्तकें पढ़ना उपयोगी होगा?

सभी पाठ्य कहते हैं कि मुक्ति पाने के लिए मन का शांत होना अति आवश्यक है। अत: उनका निष्कर्ष यही है कि मन को शांत करके ही मुक्ति

का मार्ग प्राप्त किया जा सकता है, यानी अनावश्यक अनंत पाठ्य पढ़ने की कोई आवश्यकता नहीं। मन को शांत करने लिए निरंतर आत्म-परीक्षण की जरूरत है, यानी स्वयं की प्राप्ति ही मुक्ति का मार्ग है।

24. सुख-शांति क्या है?

सुख-शांति स्वयं की ही प्रकृति है। सुख और स्वयं भिन्न नहीं हैं। संसार की किसी भी वस्तु में सुख नहीं है। हमारी अज्ञानता से ही हमें प्रतीत होता है कि विभिन्न वस्तुओं से सुख की प्राप्ति होती है। जब मन बाहर की ओर जाता है तो विपत्ति का सामना करता है। तथा जब सच में मन की सभी इच्छाएँ पूरी हो जाती हैं तब यह अपनी जगह पर वापस आ जाता है और सुखी महसूस करता है जिससे स्वयं का अहसास होता है।

जिस प्रकार सोते वक्त, समाधि में या बेहोशी के वक्त इच्छित वस्तु मिल जाती है या जो वस्तु पसंद न हो वह मन से निकल जाती है, तो मन एकाग्र हो जाता है और आत्म-सुख की प्राप्ति होती है। इस तरह मस्तिष्क बिना थके भ्रमण करता है, वैकल्पिक रूप से स्वयं से बाहर जाता और भीतर प्रवेश करता है। पेड़ की छाया में आनंद मिलता है, किंतु छाया से बाहर निकलते ही धूप झुलसा देती है। मनुष्य जब भरी धूप से छाया में आता है तो ठंडक महसूस करता है, किंतु वह मूर्ख है जो बार-बार सूर्य की झुलसा देनेवाली धूप में निकलता है और छाया में वापस आता है। बुद्धिमान व्यक्ति स्थायी रूप से छाया में ही निवास करता है। इसी प्रकार जो सत्य जानता है उसका मन ब्रह्म से जुड़ जाता है। दूसरी ओर, अशिक्षित मन संसार में लिप्त रहता है और कुछ समय के लिए ब्रह्म के पास आकर सुख की प्राप्ति करता है। हालाँकि जो संसार कहलाता है वह सिर्फ मन का विचार है। जब संसार विलुप्त हो जाता है तब मन में कोई विचार नहीं आता, तब मन को सुख का अहसास होता है और जब संसार नजर आता है तो इसे विपत्तियों का सामना करना पड़ता है।

25. जनन-दृष्टि क्या है?

शांत रहना ही जनन-दृष्टि है। शांत रहकर ही मन का स्वयं में निराकरण

किया जा सकता है। दूर-बोध, भूत-वर्तमान और भविष्य की खुशियाँ जानना और इंद्रियों को जानना जनन-दृष्टि नहीं है।

26. इच्छाहीनता और बुद्धिमान होने के बीच क्या संबंध है?

इच्छाहीनता ही बुद्धिमानी है। ये दोनों भिन्न नहीं, एक ही हैं। इच्छाहीनता किसी भी वस्तु से मन की दिशा बदलने से रोकता है। बुद्धिमानी का मतलब किसी वस्तु का आभास न होना। दूसरे शब्दों में कहें तो स्वयं को छोड़कर किसी दूसरी वस्तु में मन न लगना इच्छाहीनता कहलाती है और स्वयं को न छोड़ना बुद्धिमत्ता कहलाती है।

27. ध्यान, समाधि और परीक्षण में क्या अंतर है?

परीक्षण का मतलब मन में निरंतर स्वयं को धारण करना। ध्यान समाधि का अर्थ है, मन में यह सोचना कि स्वयं ही ब्रह्म है।

28. मुक्त होना क्या है?

जो मनुष्य संसार से जुड़ा है, उसकी प्रकृति का परीक्षण करना तथा मनुष्य की सच्ची प्रकृति को समझना ही सही मायनों में मुक्ति है।

श्री भगवान् के नए आश्रम की शुरुआत बिना किसी अल्प विराम के अच्छी तरह हुई। उनको शायद ही नींद की आवश्यकता होती थी। वे रोज सुबह 4 बजे उठते। अपने करीबी विद्यार्थियों के साथ वे आश्रम के एक हॉल में एकत्रित होते, जहाँ अब शांत-ध्यान या भजन किए जाते हैं। उसके बाद वे रसोईघर में विद्यार्थियों के साथ जाते और सब्जियाँ काटने वक्त एक नेता की तरह सबको निर्देश देते और पूरी सावधानी से जल्द ही स्वादिष्ट भोजन पकाते। उनके सख्त निर्देश थे कि सभी विद्यार्थियों को एक समान और बराबर मात्रा में भोजन दिया जाए। इसके बाद वे हलके भोजन हेतु नए भोजनकक्ष में चले जाते। दिन में अकसर वे लिखित कार्यों में व्यस्त हो जाते और कॉपियाँ सही करते तथा प्रश्नों का निर्देशों में उत्तर देते, क्योंकि वे कभी पत्र नहीं लिखते थे। दूसरे विद्यार्थी भी अपने कार्यों में व्यस्त हो जाते, जैसे कि बगीचे में काम करना, पूजा करना, खाना बनाना और अन्य वस्तुएँ लाना आदि। गरीबों और गायों को भोजन कराने के पश्चात् 11.30 बजे दोपहर का

भोजन परोसा जाता। भोजन के तुरंत बाद ही महर्षि वे कार्य करते जिस पर ध्यान देने की आवश्यकता होती, जैसे किताबों पर जिल्द चढ़ाना और पत्तियाँ तोड़ना आदि। पुराने हॉल में तीन बजे के बाद आगंतुकों के आने का समय होता, वे महर्षि से अपने प्रश्नों के जवाब माँगते और उनके स्पर्श से खुद को कृतार्थ महसूस करते। महर्षि उनको ध्यान के महत्त्व को समझाते हुए बताते कि सूर्यास्त का समय ध्यान हेतु उत्तम है, वही समय जब प्रकाश जाता है और सांझ ढलने लगती है।

वे प्रश्नों का गंभीरता से उत्तर देते और अकसर ही टकटकी लगाए भक्तों को दर्शन देते और शांति की शिक्षा देते। ऐसा ही महान् संत दक्षिणामूर्ति भी करते थे। अगली पीढ़ी के लिए उन्होंने 1935-39 से प्रश्नों के सभी उत्तरों का अंग्रेजी में अनुवाद कराया, जिसका अनुमोदन वे खुद किया करते और बाद में इन उत्तरों की किताबें भी छपवाई गईं। पूरे संसार में ये वार्त्तालाप उनके विषयों के लिए खरे सोने जैसी प्रेरणा का स्रोत बन गए।

एक बीज की तरह जिस आश्रम की नींव रखी गई थी, आज वह पौधा एक खूबसूरत पेड़ की तरह लहराने लगा है, जिसकी देख-रेख आज भी महर्षि के समर्पित भक्त और उनके भाई के परिवार के सदस्य करते हैं।

इन सालों में महर्षि ने अति महत्त्वपूर्ण ग्रंथों की रचना कविताओं के रूप में की थी। इनमें से काफी अरुणाचल के भजन के रूप में थे, जैसे—उपदेश सारम, उलादु नरपदु आदि। उन्होंने आदि शंकर की भी कई रचनाएँ संस्कृत से तमिल में परिवर्तित कीं, जैसे द क्रस्ट लेवल ऑफ डिस्क्रिमिनेशन और आत्मबोध। श्री भगवान् की अपनी शिक्षाएँ भी उन महान् संतों के उपदेशों के समान हैं। हम दोबारा अरुणाचल में बिताए गए उनके महत्त्वपूर्ण मध्य वर्षों का वर्णन करेंगे, जो हर दृष्टि से महान् थे।

□

अध्याय : सात

अरुणाचल में बिताए गए मध्य वर्ष

इसमें कोई संदेह नहीं कि भाग्यवश एक जगतगुरु होने के नाते उनकी शिक्षाएँ पूरे संसार को उपलब्ध होनी थीं। यह एक महान् परिवर्तन था कि सर्वोच्च ज्ञान का रहस्य सबको मालूम हुआ। इससे पहले सिर्फ पारंपरिक हिंदू ब्राह्मण तथा गुरुओं तक ही यह ज्ञान सीमित था।

पॉल ब्रुंटन लंदन का एक सफल पत्रकार था, जो रहस्यमय, सापेक्ष धर्म में बहुत दिलचस्पी रखता था। वह वास्तविक आध्यात्मिक सत्य जानने के लिए भारत आया और मार्गदर्शन के लिए प्रसिद्ध कांचीपीठम् शंकराचार्य के पास पहुँचा। उन्होंने पॉल को रमण महर्षि के पास जाने के निर्देश दिए, क्योंकि शंकराचार्य की नजर में महर्षि वह गुरु थे जो सौभाग्यवश उन्हें मिले। उसके बाद ब्रुंटन ने श्री भगवान् से कई मुलाकातें और बहुत से संवाद किए और बहुत प्रभावित हुआ। श्री भगवान् से हुए साक्षात्कार का वर्णन उसने अपनी किताब 'ए सर्च इन सीक्रेट इंडिया' में किया। सन् 1930 में इस किताब ने पूरे यूरोप और अमरीका में अंतराष्ट्रीय बिक्री के नए कीर्तिमान स्थापित किए।

इसके बाद कई महत्त्वपूर्ण पश्चिमी लोग श्री भगवान् के दर्शन हेतु अरुणाचल आने लगे, जिनमें मेजर एलन चाडविक ओ.बी.ई. और मद्रास के वरिष्ठ राजदूत ग्रांट डफ शामिल थे। मेजर तो महर्षि की बातों से इतने प्रभावित हुए कि बाद में साधु अरुणाचल बन गए। ऑक्सफोर्ड के जाने-माने प्राध्यापक ऑर्थर ऑस्बॉर्न भी वहाँ आनेवाले भक्तों में से एक थे। प्रसिद्ध अंतरराष्ट्रीय

मनोचिकित्सक सी.जी. जंग ने महर्षिजी के लिए ग्यारह पन्नों का एक प्रशंसा पत्र लिखा, जो बाद में हेनरिच जेमिर की किताब 'द वे टू द सेल्फ' में उनके एकत्रित कार्यों के साथ प्रकाशित हुआ।

महर्षि की विशेष अपील पश्चिमी देशों के लोगों को सिर्फ उनके शांत स्वभाव के लिए ही नहीं भाती थी, अपितु उनकी आत्म-परीक्षण की सरल पद्धति थी, जिसे बिना अपने जीवन में परिवर्तन लाए और हिंदू परंपराओं को निभाए भी एक पश्चिमी सभ्यता वाला मनुष्य आसानी से जीवन में लागू कर सकता था।

इन सभी कार्यकलापों के बीच श्री भगवान् की माता अझगम्मल की मुक्ति और समाधि की भी घटना घटी, जो अपने आप में एक अलग घटना थी।

माता अझगम्मल हमेशा चाहती थीं कि उनकी मृत्यु उनके प्यारे ऋषि पुत्र की गोद में ही आए। वे कहा करतीं, "मैं बुरा नहीं मानूगीं, भले ही तुम मेरे पार्थिव शरीर को कँटीली झाड़ियों में फेंक देना, किंतु मेरे जीवन का अंत तुम्हारी बाजुओं में ही होना चाहिए!" लेकिन सब देखते हुए भी भगवान् यह सत्य जानते थे कि मृत्यु तो बस नाम मात्र की है, यह तो आत्मा के रूप परिवर्तन का एक तरीका है। उन्होंने कहा भी है, "मृत्यु क्या है, एक रूप परिवर्तन, जिससे एक नया नाम मिल जाता है? लेकिन वास्तविकता यानी आत्मा कभी परिवर्तित नहीं होती।"

मई 1922 में उनकी माता बहुत बीमार पड़ गईं। सभी संभव चिकित्सा उनको दी गई, किंतु अब अंत निकट आ गया था। श्री रमण अकसर उनके पलंग के पास ही बैठे रहते। भगवान् जानते थे कि माता की मृत्यु के वक्त उनका कर्तव्य सिर्फ माता को शांत करना तथा सभी संभव आध्यात्मिक सहायता देना था। उन्होंने अपना दायाँ हाथ माता के भारी सीने पर रखा तथा बायाँ हाथ उनके सिर पर रखा। इससे प्रतीत होता कि वे माता के मन को आध्यात्मिक हृदय में खो जाने को कह रहे थे, यह उनकी महान् शिक्षा का एक महत्त्वपूर्ण हिस्सा भी था।

सभी विद्यार्थी राम का नाम जप रहे थे, ताकि भगवद् गीता के अनुसार

मृत्यु के समय वे परब्रह्म में विलीन हो सकें। श्री भगवान् और उनकी माता के बीच इस संघर्ष का परिणाम निकला। एक परम शांति के अनुभव के साथ वे स्वर्ग सिधार गईं, किंतु भगवान् के स्पर्श से उनके शरीर में एक प्रवाह उत्पन्न हुआ, जो आत्मा को उनके हृदय में वापस ले गया। जब सभी वासनाएँ नष्ट हो गईं तब आत्मा उनके हृदय में शांत होकर मुक्त हो गई। इस पर श्री भगवान् ने कहा, "भूतकाल की वासनाओं का संग्रह होकर बढ़ता जाता है और अब जब ये सभी वासनाएँ नष्ट हो गई हैं—मैंने देखा माता के प्राण उनके हृदय में पूरी तरह विलीन हो चुके हैं—ये अब समाप्त हो चुकी हैं।"

19 मई को शांतिपूर्वक तरीके से उन्होंने देह त्याग दिया। एक समाधि स्थल बनाया गया और उन्हें विश्राम हेतु लिटा दिया गया। नयन ने बताया कि उनका चेहरा आश्चर्यजनक तरीके से चमक उठा और दैवीय रूप से दीप्तिमान हो रहा था। वे एक आत्म-परीक्षित योगिनी की तरह गहन ध्यान में प्रतीत हो रही थीं। रमण संतुष्ट थे कि उनकी साधना और दैवीय अनुग्रह से माता को मुक्ति मिल गई थी।

परंपरानुसार मुक्त होने के कारण माता के शरीर को अग्नि नहीं दी गई। पावन पर्वत पर दफनाना वर्जित है, इसलिए उन्हें पर्वत के तल पर दक्षिण कोण पर दफनाया गया। पहाड़ के निचले हिस्से में उनकी समाधि बना दी गई और एक लिंग स्थापित किया गया।

आधे घंटे का रास्ता तय करते हुए महर्षि नित्य-स्कंदाश्रम से माँ की समाधि पर जाते थे। एक दिन वे वहीं रुक गए। यह वह स्थान है जहाँ रमणाश्रम की नींव पड़ी। इसके बाद जल्द ही भगवान् ने पहाड़ों से उतरकर नीचे अपनी माता के पास रहने का निर्णय लिया। अंततः माता की समाधि के पास ही रमण ने उनको समर्पित एक भव्य मंदिर का निर्माण कराया। आज भी वहाँ प्रार्थना और ध्यान समाधि हेतु आनेवाले भक्तों को आध्यात्मिक सहायता मिलती है।

उस समय श्री रमण महर्षि की आयु चालीस की थी तथा उन्होंने आत्मज्ञानी ऋषि के रूप में 26 वर्ष व्यतीत किए, किंतु तो भी वे दक्षिण भारत के बाहर अधिक विख्यात नहीं थे। उन्होंने प्रचार की उपेक्षा की तथा लोगों

को आकर्षित करने हेतु चमत्कार आदि का प्रयोग नहीं किया।

आश्रम का कोई कार्यालय नहीं था। जन-संचार एवं यात्रियों के लिए आवास की भी व्यवस्था नहीं थी। आश्रम का विकास तुरंत नहीं हुआ। आरंभ में बाँस के ऊपर नारियल पत्तों से बनाई गई झोंपड़ी थी। महर्षि ने स्वयं को अकेले एकांत में रखा। वे पूर्ण सादगी से रहते थे। वे किसी को आने या किसी को जाने के लिए नहीं कहते थे। यदि कोई आना चाहता तो आ सकता था। यदि कोई आकर रहना चाहता था तो वह अपनी स्वयं की व्यवस्था कर वहाँ रह सकता था। आश्रम व्यवस्था का उससे कोई संबंध नहीं था। यदि कोई नियम बनाए गए तो उसका पालन वे स्वयं करते थे, किंतु उन्होंने स्वयं कभी नियम नहीं बनाए। उनका कार्य पूर्णतया आध्यात्मिक था। वे चुपचाप अपने चारों ओर भक्तों के विकसित होते परिवार को देखते एवं उनके ऊपर अनुग्रह करते थे। प्रत्यक्ष रूप से वे अकेले थे, किंतु उनका प्रेम सबके लिए प्रवाहित था। हर किसी ने उनकी सूक्ष्म शक्ति एवं मार्गदर्शन के अनुग्रह को अनुभव किया।

यह उनके छोटे भाई श्री निरंजनंद स्वामी थे, जिन्होंने भवनों के निर्माण एवं आश्रम के विकास के कार्य को सँभाला। वे उसके सर्वाधिकारी या मैनेजर बने। महर्षि जैसे ही विख्यात हुए, दान का प्रवाह आता गया तथा अनेक इमारतें खड़ी हो गईं। विशेषकर सर्वाधिकारी के हृदय में माँ की समाधि पर मंदिर तथा उससे जुड़ा एक बड़ा नवीन ध्यान कक्ष बनाने की इच्छा थी, जो पूरी हो गई।

सबसे अधिक आकर्षण का केंद्र ध्यान कक्ष था, जहाँ भक्त महर्षि के साथ बैठते थे। वहाँ एक कोच है, जहाँ वे दिन में बैठते तथा रात्रि को विश्राम करते थे। फर्श पर भक्त-पुरुष एक ओर तथा स्त्रियाँ दूसरी ओर बैठती थीं। आरंभिक वर्षों में दरवाजे कभी बंद नहीं हुए।

रात्रि के समय में भी लोग आते थे। बाद के वर्षों में आयु एवं गिरते स्वास्थ्य के कारण आश्रम व्यवस्थापन ने निर्णय लिया कि कुछ घंटे उन्हें व्यक्तिगत आराम देना चाहिए।

आनेवालों के लिए वे सदैव उपलब्ध रहे। यह ध्यान रखते हुए भगवान् ने आश्रम कभी नहीं छोड़ा। प्रातः एवं सायंकाल वे पर्वत पालकोत्तु तथा कभी-

कभी पर्वत की परिक्रमा के लिए जाते थे।

ध्यान कक्ष में लोग ध्यान के लिए बैठते थे तथा महर्षि बिना बोले उनका निरीक्षण एवं मार्गदर्शन करते थे। ऐसी पाबंदियाँ नहीं थीं कि हर कोई एक निश्चित समय पर या निश्चित तरीके से ध्यान करे। कभी-कभी आवास की कठिनाई होती थी। सामान्य रूप से यह कभी भी आवासीय आश्रम नहीं था, यद्यपि एक बड़े छत की व्यवस्था की गई, जहाँ लोग जमीन पर अपना बिस्तर लगा सकते थे। कुछ व्यक्तिगत कमरे अतिथियों के लिए थे। ये पर्याप्त नहीं थे और विशेषकर औरतों के किसी काम के नहीं थे, जिन्हें रात्रि को आश्रम परिसर में रहने की अनुमति नहीं थी। अनेक भक्तों ने इसके चारों ओर अपने घर बनाए और इस प्रकार से मकानों का विकास हुआ। आश्रम के निकट साधुओं ने एक कॉलोनी बनाई तथा गुफाओं एवं झोंपड़ियों में रहने लगे। एक महाराजा ने एक अतिथि घर दान में दिया। इन सबके बावजूद आवास की समस्या बनी हुई है।

1950 में अचानक बहुत बड़ा परिवर्तन हुआ। लंबी बीमारी के बाद महर्षि ने महासमाधि ली। भक्तों की भीड़ छँट गई तथा कुछ क्षण के लिए लगा कि आश्रम नहीं रहेगा या एक निशान के रूप में रहेगा। यद्यपि इस भय के विपरीत किसी प्रकार की रिक्तता की अनुभूति नहीं हुई। महर्षि की उपस्थिति एवं अनुग्रह से वातावरण तेजस्वी बना रहा। उनकी उपस्थिति पहले की तुलना में अधिक शक्तिशाली रूप में अनुभव की गई। इस अनुग्रह से निवासी कभी उदास नहीं हुए, किसी तरह का शोक नहीं था। लोगों ने महर्षि की सतत उपस्थिति रमणाश्रम में अनुभव की। भक्त, जो चले गए थे वापस लौटे। यात्रियों की भीड़ लगने लगी। ऐसा कहा जाता है कि महर्षि ने अपनी निरंतर उपस्थिति के कई संकेत दिए। बनाई गई एक वसीयत में उन्होंने कहा है कि आश्रम एक आध्यात्मिक केंद्र के रूप में कार्य करेगा। मृत्यु के कुछ समय पूर्व उन्होंने कहा, "वे कहते हैं कि मैं जा रहा हूँ, किंतु मैं कहाँ जा सकता हूँ.' मैं यहाँ हूँ! महर्षि का यह कथन पूरी तरह से एक अभौतिक कथन था। ऋषि, जिसने सार्वभौम आत्मा के साथ अपनी पहचान कर ली है, उसके लिए कहाँ आना, कहाँ जाना? कहाँ यहाँ, कहाँ वहाँ? यहाँ वहाँ कुछ भी नहीं। केवल

परिवर्तन रहित सत्ता अस्तित्वमान है तो भी उनके शब्दों का भौतिक प्रभाव है। वे उनके तिरुवन्नामलाई के आश्रम पर लागू होते है। अपने जीवनकाल में महर्षि अकसर कहते थे, ''केवल शरीर यात्रा करता है, आत्मा अविचलित सत्ता है। सत्य का यह एक पक्ष है जो उन्हें सांत्वना देता है जो भाग्यवश तिरुवन्नामलाई नहीं आ सके। किंतु दूसरा पक्ष भी कम सत्य नहीं है। पावन पर्वत अरुणाचल के तल पर स्थित रमणाश्रम जाना एक अनुकंपा है। जो यहाँ आते हैं वे परम शक्तिशाली आध्यात्मिक सहयोग प्राप्त करते हैं, यद्यपि श्री रमण सार्वभौम तथा अन्य सभी के हृदयों में सदैव हैं जो अपना जीवन उन्हें समर्पित करते हैं। उसी समय इस बात से इनकार नहीं किया जा सकता कि उनकी शक्ति एवं मार्गदर्शन उनके तिरुवन्नामलाई आश्रम में केंद्रीभूत है।

श्री भगवान् की सतत उपस्थिति की पुष्टि दूसरे रूप में भी होती है। उनकी मृत्यु के कुछ समय पूर्व जब कुछ भक्तों ने शिकायत की कि वे उन्हें छोड़कर जा रहे हैं तो भगवान् ने उत्तर दिया, ''आप शरीर से अत्यधिक आसक्त हैं।'' इसका आशय स्पष्ट था कि शरीर उन्हें छोड़कर जा रहा था, वे नहीं। वे पहले की भाँति गुरु के रूप में सतत रहेंगे।

आश्रम का कोई आध्यात्मिक मुखिया नहीं है और न ही मानव शरीर में कोई वसीयत के रूप में है। महर्षि की उपस्थिति इतनी तीव्र एवं शक्तिशाली है कि वह सर्वशक्तिमान, अवैयक्तिक रमण शाश्वत गुरु तथा यहाँ के मुख्य ईष्ट हैं। वे अपने पीछे जो आध्यात्मिक उपदेश छोड़ गए हैं, वे हर प्रकार से पूर्ण हैं तथा उनसे सीधे आध्यात्मिक सहयोग आता है। आवश्यकता केवल अभ्यास करने की है। सन् 1953 में सर्वाधिकारी का निधन हुआ। उनके पुत्र टी.एन. वेंकटरामन ने अध्यक्ष के रूप में व्यवस्था सँभाली। 1994 में वे सेवानिवृत्त हुए तथा भगवान् की वसीयत के अनुसार अपने सबसे बड़े पुत्र वी.एस. रमण को आश्रम के अध्यक्ष के रूप में सेवा करने का निर्देश दिया।

□

अध्याय : आठ

पशुओं और बच्चों के प्रति श्री रमण का प्रेम

श्री रमण पशु–पक्षियों से आसानी से बात कर सकते थे। उनके आश्रम में मनुष्यों की भाँति ही प्रेमपूर्वक पक्षी, गाय, गिलहरियाँ, बंदर, बिल्लियाँ और कुत्ते भी निवास करते थे। वे किसी भी पशु के साथ कठोर व्यवहार बरदाश्त नहीं करते थे। उनके भक्तों ने हमेशा उन्हें कहते सुना, ''हम नहीं जानते कि इन शरीरों में कौन सी आत्माएँ निवास करती हैं और किस कर्म की पूर्ति हेतु ये हमारी संगत में हैं।''

इन्हीं पशुओं में एक गाय थी, लक्ष्मी। उसे देवी का अवतार माना जाता था। सदी के बदलने तक उसने रमण को दूध दिया। वह रमण तथा अन्य शिष्यों के भोजन हेतु एकत्रित की हुई हरी सब्जियों की सर्तकता से निगरानी करती थी। लक्ष्मी की कहानी विशिष्ट और अति चमत्कारी है। वह आश्रम की गौशाला में रहती थी और वहाँ की अन्य गायों का मार्गदर्शन करती थी। वह हमेशा मान–प्रतिष्ठा से चलती और अकसर मुख्य हॉल में जाया करती, जहाँ श्री रमण विश्राम करते थे। जब आश्रम के अन्य सहवासी और विद्यार्थी उसे वहाँ से भगाते तो महर्षि उन्हें रोकते और गौशाला की तरफ इशारा करते हुए कहते, ''उसे यहाँ रुकने दो, यह मुझे अपने यहाँ बुलाने आई है।'' उचित समय पर वह महर्षि को गौशाला ले जाती। उसे श्री भगवान् से मिलने का अवसर प्रतिदिन प्राप्त होता। महर्षि जब लक्ष्मी से बात करते तो उत्तर में वह भी अपना सिर हिलाती।

18 जून, 1948 को लक्ष्मी का देहांत हो गया। उसकी मृत्यु से कुछ क्षण पहले ही महर्षि उसके पास सूखी घास पर बैठे और दोनों हाथों से उसका सिर उठाया। उसके चेहरे पर हाथ फिराते हुए वे गले तक ले गए, इसके बाद अपना बायाँ हाथ उसके सिर पर रख गला सहलाते हुए उसके हृदय तक ले गए। महर्षि के दैवीय स्पर्श से लक्ष्मी की साँसें और उसका शरीर शांत होता गया। उसे मृत्यु में तनिक भी कष्ट नहीं हुआ, क्योंकि मोक्ष प्राप्ति में भगवान् ने उसकी सहायता की।

श्री रमण अकसर कहा करते कि कुछ पशु मनुष्य की भाँति होते हैं जो मृत्यु के समय मुक्त हो सकते हैं। भगवान् के मुख्य हॉल के पास ही लक्ष्मी की समाधि बना दी गई। उसकी समाधि पर आज भी लोग पूजा करते हैं। उसकी समाधि पर लिखा हुआ लेख तमिल भाषा में खुद श्री रमण ने उकेरा था, ''सर्वधारी वर्ष के ज्येष्ठ मास, शुक्ल पक्ष के 12वें दिन शुक्रवार को विशाखा नक्षत्र में लक्ष्मी नामक गाय को मोक्ष प्राप्ति हुई।''

तब भी आज की भाँति ही आश्रम में कई कुत्ते रहते थे। चिन्ना कुरुप्पन नामक एक कुत्ते का वर्णन श्री भगवान् ने यों किया है, ''एक उच्च सिद्धांतों वाला प्राणी। जब हम विरूपसखा नामक गुफा में थे तो कुछ दूरी पर एक काले रंग का प्राणी गुजरता। उसका वैराग्य बहुत सशक्त था। उसे किसी की संगति पसंद न थी। अकसर वह अकेले ही घूमता। हम उसके वैराग्य का आदर करते और उसके पास भोजन छोड़कर दूर आ जाते। एक दिन जब हम पहाड़ों पर जा रहे थे तो वह अचानक पास आया और खुशी से पूँछ हिलाने लगा, उसके बाद वह हमारे साथ आश्रम आ गया और यहीं हमारे साथ रहने लगा। ''

कमला एक और विशिष्ट कुतिया थी। श्री रमण उससे कहा करते, ''इस अजनबी को घुमा लाओ'' और वह हर गुफा, पहाड़ी और तालाब तक अजनबियों को घुमा लाती। एक और कुत्ता जैकी महान् तपस्वी था। उसे जो भी खाने को दिया जाता, चुपचाप खाकर अपने घर में या फिर महर्षि के पास शांति से बैठा रहता। जैकी को भी मृत्यु के पश्चात् दफनाया गया और उसके

लिए भी आश्रम परिसर में एक छोटी सी समाधि का निर्माण कराया गया।

जब भी आश्रम में बंदरों की लड़ाई होती तो महर्षि उनसे बात करके उनकी समस्या सुलझाते और संतुष्ट करके भेजते। ऐसी ही एक घटना में एक चंचल वानरराज ने दो बंदरों को समूह से निकाल दिया। एक दिन अचानक महर्षि की सलाह पर वह वन में दो हफ्तों की तपस्या पर गया और एक शांत वानर के रूप में वापस आया। उसके बाद वानरों के बीच कभी कोई समस्या उत्पन्न नहीं हुई। आश्रम की ऐसी कई कहानियाँ हैं, जिनसे भगवान् और पशुओं के बीच के प्रेम को उजागर किया जा सके। मसलन, उनके जीवन में तेंदुएँ तक थे, इसके अलावा गुफा में उन्होंने साँपों के साथ भी जीवन व्यतीत किया।

एक बार उन्होंने गिलहरियों के बीच का एक मसला सुलझाया, इसके बाद वे प्यार से महर्षि के बिस्तर पर दौड़ी चली आतीं। उनके बगल में या तकिया के नीचे भी छुप जाया करतीं। उन्होंने एक वल्ली नामक हिरन के जख्मी पैर को ठीक कर उसको भी अपना प्रेम दिया। उसके आखिरी दिन पर भी भगवान् ने उसका सिर अपनी जंघा पर रखकर थपकियाँ दीं। आधी रात के बाद जब वे अपने बिस्तर पर वापस आ गए तो वल्ली को मुक्ति मिल गई। आश्रम में वल्ली के लिए भी एक छोटी सी समाधि बनाई गई। वे एक लंगड़ी बिल्ली को भी प्यार किया करते, जो कहीं से भटकते हुए आश्रम में आ गई थी, इसके अलावा आश्रम में निवास करनेवाले बहुत से मोरों से भी महर्षि को काफी लगाव था।

एक बार वे पहाड़ों के वन में चढ़ाई कर रहे थे। संयोगवश उनकी बाईं जंघा से घिसकर मधुमक्खी का छत्ता टूट गया। वे अपना पैर हटा पाते इससे पहले ही मधुमक्खियों ने उनको डंक मारना शुरू कर दिया।

"हाँ-हाँ यही है वह पैर जिसने तुम्हारा छत्ता तोड़ा है। इसे भुगतने दो" उन्होंने कहा। वे तब तक वहाँ से नहीं हटे जब तक कि मक्खियाँ उन्हें डंक मारकर दंड देती रहीं और संतुष्ट होकर उड़ गईं।

ये कहानियाँ विशिष्ट हैं और हमें उनके परम गुरु होने की महानता

दिखलाती हैं, साथ ही बताती हैं कि कैसे पूरा पशुजगत् एक आध्यात्मिक मनुष्य से प्रेम कर सकता है।

श्री भगवान् आश्रम में रहनेवाले विषयों के बच्चों के प्रति प्रेम, दया और रुचि रखते थे। आश्रम में रहनेवाले ऑक्सफोर्ड यूनिवर्सिटी के प्रोफेसर और लेखक आर्थर ऑस्बॉर्न (जिन्होंने महर्षि के ज्ञान पर किताबें भी लिखीं) की बेटी किटी के साथ कई मनमोहित कर देनी वाली घटनाएँ हुईं। एक बार भगवान् ने उससे कहा, "अगर किटी मेरे बारे में सोचती है तो मैं भी उसके बारे में सोचने लगूँगा।" यह टिप्पणी उसे याद रही और इससे उसके बचपन और पूरे जीवन को एक मांगलिक पृष्ठभूमि मिली।

एक दिन उनके विद्यार्थी सी. सोमसुंदरम और उमा पिल्लई अपने 6 साल के बेटे नटराज को भगवान् के पास लाए। जैसे ही उन्होंने आश्रम में प्रवेश किया उनके बेटे ने कहा, "यहाँ तो मैं पहले भी आ चुका हूँ।" आश्रम में बिताए अपने जीवन की कई स्मृतियाँ उसे याद थीं। तब भगवान् ने उस लड़के पर ध्यान दिया, क्योंकि संभवत: वह अपने पिछले जन्म में उसी आश्रम का निवासी था।

तंजौर की जानकी माता भगवान् के महान् विद्यार्थियों में से एक थीं। उनकी बेटी पद्मा सीतापति का बेटा जानकीरमण 3 वर्ष की आयु से दृष्टिहीन था। पद्मा ने भगवान् को एक पत्र लिखा और उसमें उनकी कृपा के लिए प्रार्थना की। उत्तर आया, "भगवान् की कृपा से जल्द ही बालक जानकीरमण की आँखें ठीक हो जाएँगी।" अगले चालीस दिन तक बालक अपनी आँखें खोलने में भी असमर्थ था। उसके बाद कार्तिगई दीपम के दिन बालक को तंजौर मंदिर ले जाया गया। यकायक बालक को दृश्य दिखने शुरू हो गए। घर वापस आने तक उसे सही तरीके से दिखना शुरू हो गया। वह चिल्लाया, "मैं भगवान् को देख रहा हूँ, मैं माताजी को देख रहा हूँ!" किंतु पद्मा ने भगवान् को बताया कि अब भी बालक रात में नहीं देख सकता। श्री रमण ने एकटक बालक को देखा जो सिर्फ भगवान् का सिर ही देख रहा था, और उसके बाद रात का अंधापन भी उसके जीवन से मिट गया।

'द माउंटेन पाथ' के पूर्व संपादक वी. गणेशन ने बताया, ''जब मैं 3 या 4 साल का था तब एक विस्मरणीय घटना घटी। मैं बहुत स्वस्थ, गोल-मटोल और मोटा-ताजा बच्चा था। मैं बुजुर्ग महिलाओं का चहेता था, जो रसोई में सहायक के तौर पर काम किया करती थीं। वे मुझे बहुत लाड़-प्यार करतीं और मैं उनके भोजन परोसने पर मुग्ध था। मुझे याद है, कि कैसे भगवान् अपना सिर हिलाकर संकेत देते कि अभी जो भी परोसा गया उसे प्रत्येक मनुष्य कैसे खा सकता है। वे सभी के बीच समान अधिकार के लिए नियम निष्ठ थे।···

···एक दिन मैं भगवान् और अन्य विद्यार्थियों को भोजन परोसने के लिए आतुर था। मैं बहुत छोटा था, इसलिए सहायकों ने मुझे इसकी आज्ञा न दी। मैं बहुत रोया और रो-रोकर सबको इकट्ठा कर लिया। भगवान् का ध्यान इस शोरगुल की ओर गया, उन्होंने रसोइयों से कहा, ''इसे एक छोटी कटोरी में नमक और एक छोटी चम्मच दे दो। सभी की पत्तलों में इसे थोड़ा-थोड़ा नमक रखने दो।'' मेरा रोना रुक गया और मेरा कार्य समाप्त होने के बाद श्री भगवान् ने मुझे बताया कि कितना नमक डालना चाहिए। एक बार पहाड़ों से लौटते समय उन्होंने मेरे हाथ पर लिखे नाम गणेशन पर चुटकी काटी। फिर उन्होंने कहा, ''मैंने गणेशन को चुटकी काटी न कि 'तुम्हें'। कौन है गणेशन? क्या ये हाथ ही गणेशन है?'—उन्होंने मुझसे पूछा।''

ऐसी बहुत सी कहानियाँ हैं, जिससे बच्चों के प्रति उनका प्यार और स्नेह उजागर हो सके। परम गुरु होने के नाते, पशुजगत् से वार्त्तालाप और छोटे बच्चों के साथ व्यवहार उनके महानतम योगदान को दर्शाता है।

□

अध्याय : नौ

महान् साधुओं से श्री रमण की भेंट

भगवान् की कृपा और निर्देशों से कई विद्यार्थियों को आत्मबोध की प्राप्ति हुई। बचपन से आश्रम में रहे उनके भाई के पोते वी. गणेशन के अनुमान से महर्षि के पूरे जीवनकाल के दौरान लगभग 40 भक्तों ने मोक्ष की प्राप्ति की। उनमें से सभी ज्ञानी नहीं थे जो अपने आश्रमों से शिक्षा लेकर आए हों। उनमें से कइयों ने परिवार के साथ रहकर भी शांतिपूर्वक मौन धारण करके लोगों को प्रभावित किया और कुछ भगवान् की महासमाधि के बाद महान् संतों की तरह प्रसिद्ध हो गए।

कनहंगद के आनंद आश्रम के संस्थापक प्रसिद्ध स्वामी रामदास उनमें से एक थे। पत्रिका 'द माउंटेन पाथ' में छपी एक सुंदर कहानी यहाँ पेश है। अपनी पहली आत्मकथा 'द क्वेस्ट ऑफ गॉड' में स्वामी रामदास वर्णन करते हैं कि कैसे महर्षि की कृपा से उन्हें दिव्य दृष्टि प्राप्त हुई। सालों बाद यही कहानी उन्होंने दिलीप कुमार रॉय को बताई, जिसे उसने अपनी किताब 'द फ्लूट कॉल्स स्टिल' में फिर से प्रकाशित किया—

''मैंने कहा, पापा, क्या आप हमें अपने आखिरी बोध 'विश्वरूप दर्शन' के बारे में बताएँगे? वे सहजता से तैयार हो गए और अपनी दहकती आकाक्षांओं और लालसाओं का वर्णन करने लगे जो उन्हें महान् संत श्री रमण महर्षि के तप से पवित्र हुए अरुणाचल की ओर ले गईं।

'एक दिन दयावान साधुराम रामदास को श्री रमण महर्षि के दर्शन हेतु

लाया गया। उनका आश्रम अरुणाचल के तल में स्थित था। दोनों यात्रियों ने आश्रम में प्रवेश किया और साधु से मिले। मैंने उनके चरणों में साष्टांग प्रणाम किया। वे एक युवक की भाँति प्रतीत होते थे, लेकिन उनके मुखमंडल पर शांति और उनकी बड़ी आँखों में अनोखी कोमलता थी, जिन्हें देख उनसे मिलनेवालों को सुख और शांति का अनुभव होता। रामदास को ज्ञात था कि महर्षि को अंग्रेजी भाषा का ज्ञान है, इसलिए उन्होंने अंग्रेजी में बात करना शुरू किया। उन्होंने कहा, "महाराज, आपके समक्ष एक तुच्छ सेवक खड़ा है। उस पर दया कीजिए। उसकी यही प्रार्थना है कि उसे अपना आशीर्वाद प्रदान करें।"

महर्षि ने अपनी पैनी नजरें रामदास पर डालीं और एक उद्‌देश्य से उनकी आँखों में देखने लगे, जैसे कि आँखों से ही रामदास को आशीर्वाद दे रहे हों, फिर अपना सिर हिलाया। एक अकथनीय रोमांचित कर देनेवाले आनंद ने रामदास को छुआ। उनका पूरा शरीर तेज हवा में एक पत्ते की भाँति काँप उठा। अब श्री राम की भक्ति में रामदास को अनायास ही कुछ समय एकांत में रहने की इच्छा हुई और साधुराम तो हमेशा उनकी इच्छापूर्ति को तत्पर थे।

समय व्यर्थ किए बिना वे रामदास को पर्वत पर एक महान् मंदिर के पीछे ले गए। ऊँचाई पर चढ़ते हुए उन्होंने रामदास को कई गुफाएँ दिखाईं। अगले ही दिन उनमें से एक छोटी गुफा को रामदास ने अपने लिए चुना। भगवान् राम के ध्यान में रामदास लगभग एक महीना उसी गुफा में रहे। यह पहली बार था जब श्री राम उन्हें एकांत में अपनी ओर ले जा रहे थे। अब उन्हें परमानंद की अनुभूति होने लगी। अब वह श्री राम से बिना किसी विघ्न के लंबी वार्त्ता कर सकते थे। वास्तव में अब रामदास सुख के समंदर में गोते लगाने लगे। मन में श्री राम नाम के इस परमानंद के फव्वारे को स्थिर करने के लिए वे पूरे हर्षोल्लास से उनका नाम पुकारने लगे। अचानक भगवान् राम सामने प्रकट हुए और उनके साथ नृत्य करने लगे।

मैंने बीच में टोका कि क्या आप उन्हें बंद आँखों से या खुली आँखों से देख सकते हैं? पापा ने उत्तर दिया, 'जैसे रामदास तुम्हें देख रहा है ऐसी खुली आँखों से'।' किंतु यह वह क्षणिक दृश्य नहीं था जिससे रामदास का

हृदय परिवर्तन हुआ। उनके अनुसार जब ईश्वर गायब हो गए और रामदास पुनः अँधेरे की ओर जाने लगे और जब सब विपरीत होने लगा, तब उन्होंने महादर्शनों हेतु तप किया, ताकि श्री राम हमेशा के लिए उनके नयनों में बस जाएँ यानी विश्वरूप दर्शन, जिससे राम उन्हें हर ओर दिखाई दें और कुछ भी उन्हें असंतुष्ट न करे।

पापा रुके और एक आनंदप्रद मुसकान देते हुए कहने लगे, 'और एक सुबह रहस्यमय तरीके से पूरा भू-दृश्य परिवर्तित हो गया। जहाँ भी रामदास देखते राम थे, सभी जगह राम थे, सिवा राम के और कुछ नजर नहीं आता था। जहाँ देखो श्री राम! हर जगह राम, कण-कण में राम, झाड़ी, पेड़, हवा, चींटियों, गायों, कुत्तों-बिल्लियों—निर्जीव वस्तुओं में भी श्री राम उपस्थित थे। और रामदास परमानंद में ऐसे नृत्य करने लगे, जैसे एक बच्चा प्यारी सी भेंट पाकर खुद को नाचने से रोक नहीं सकता।'

'उन्होंने नृत्य किया और भागकर एक पेड़ को गले लगाया, क्योंकि यह एक पेड़ नहीं स्वयं श्री राम थे! एक आदमी जा रहा था, रामदास भागे और उसे भी गले लगा लिया और कहा 'राम, ओह राम!' आदमी डर गया और वहाँ से चला गया। लेकिन रामदास ने उसका पीछा किया और उसे अपनी गुफा तक ले गए। आदमी ने देखा कि रामदास के मुँह में दाँत नहीं हैं, इसलिए वह अब कुछ कम डरा सा महसूस करने लगा कि कम-से-कम रामदास उसे काटेंगे नहीं। वे हँसने लगे और हमने सँभलते हुए, जब उनकी हँसी शांत हो गई तो पूछा, ''और फिर क्या हुआ?''

''फिर परमानंद और सुख की स्थायी रूप से प्राप्ति हो गई, जैसे एक मूसलधार जल प्रवाह, तेजी से एक ऊँची पहाड़ी से बहकर नदी में स्थिर हो जाता है। यह अनुभव 'सहज समाधि' कहलाता है, जिसमें तुम किसी एक के साथ हमेशा के लिए जुड़ जाते हो, वही सबकुछ बन जाता है, जिसमें तुम स्वयं को भी महसूस करने लगते हो, खुद को एक पल के लिए भी उससे जुदा नहीं कर सकते।''

चालीस साल बाद आनंद आश्रम की मासिक पत्रिका 'विजन' में स्वामी रामदास द्वारा दी गई एक टिप्पणी के साथ हमने आखिरकार समाप्त किया,

"स्वामी रामदास श्री रमण महर्षि के समक्ष संसार के प्रत्यक्ष रूप के साथ गए थे। उनकी उपस्थिति में वे हर्षोन्माद से रोमांचित हो गए। महर्षि ने रामदास में एक स्थायी व्यक्तित्व चिर जाग्रत् किया।"

श्री भगवान् से आत्मबोध की प्राप्ति करनेवाले दूसरे साधु, अति प्रभावशाली जाने-माने हरिवंश लाल पूँजा थे, जिन्हें संसार पापाजी के नाम से जानता था। उनकी तीन भागों की श्रेष्ठ आत्मकथा 'नथिंग एवर हैप्पन' के लेखक डेविड गॉडमेन ने पुस्तक में बताया है कि कैसे तिरुवन्नामलाई में पापाजी की भेंट श्री भगवान् से हुई।

'एक दिन एक साधु भिक्षा हेतु मेरे द्वार पर आया। उसे भिक्षा देते हुए मैंने वह प्रश्न किया जो कई दिनों में मेरे मस्तिष्क में घूम रहा था। मैंने पूछा कि क्या तुम मुझे भगवान् दिखा सकते हो? अगर नहीं तो क्या तुम किसी ऐसे व्यक्ति को जानते हो जो मुझे भगवान् के दर्शन करा सके? मेरी आकाक्षांओं के विपरीत उसने एक सकारात्मक उत्तर दिया—'हाँ, मैं एक ऐसे व्यक्ति को जानता हूँ जो तुम्हें भगवान् के दर्शन करा सके। यदि तुम जाकर उनसे मिलोगे तो तुम्हारे लिए सब ठीक हो जाएगा। उनका नाम है श्री रमण महर्षि।'

'मैं साधु की सलाह मानकर ट्रेन से तिरुवन्नामलाई पहुँचा। वहाँ पहुँचकर पता चला कि महर्षि का आश्रम नगर के दूसरी ओर तीन किलोमीटर की दूरी पर स्थित है। इसलिए मैं एक बैलगाड़ी पर बैठकर अपने सामान के साथ आश्रम के लिए निकल पड़ा। जैसे ही आश्रम पहुँचा, मैं गाड़ी से कूदा और अपना सामान हाथ में लिए उस व्यक्ति को देखने चल पड़ा जो मुझे भगवान् दिखा सकता था। मैंने खिड़की से झाँका, अंदर सोफे पर वही व्यक्ति बैठा था जो पंजाब में मेरे घर भिक्षा हेतु आया था, श्री रमण महर्षि! मैंने गरजते हुए उससे पूछा—क्या तुम वही हो जो पंजाब में मेरे घर आए थे? मैंने फिर पूछा, किंतु महर्षि शांत रहे। मैंने फिर कोशिश की—'क्या तुम मेरे घर आए थे और मुझे यहाँ आने को कहा था? क्या तुम वह व्यक्ति हो जिसने मुझे यहाँ भेजा?' महर्षि ने फिर भी कोई उत्तर न दिया। वे इस प्रश्न का उत्तर नहीं देना चाहते थे तो मैंने अपनी यात्रा के उद्देश्य का ही प्रश्न पूछा—'क्या तुमने भगवान् को देखा है?' मैंने पूछा—'यदि हाँ, तो क्या मुझे दिखा सकते हो?

मैं कोई भी कीमत अदा करने को तैयार हूँ, अपना जीवन भी दे सकता हूँ, लेकिन इसके बदले में तुम मुझे भगवान् दिखाओगे।'

'नहीं', उनका उत्तर मिला, 'नहीं मैं तुम्हें भगवान् नहीं दिखा सकता, क्योंकि भगवान् कोई वस्तु नहीं जिसे देखा जा सके। ईश्वर एक तत्त्व है। वह परमात्मा है। खुद को एक ऐसे पदार्थ से न जोड़ो जिसे तुम देख सकते हो। जानो कि परमात्मा क्या है।' उन्होंने कहा, 'केवल तुम ही ईश्वर हो, भगवान् देखने के लिए मुझे फटकारते हो जो मुझसे भिन्न है।' अपने कथन के निष्कर्ष में वे मुझे देखने लगे और मेरी आँखों में ताकने लगे, मेरा पूरा शरीर काँपने और थरथराने लगा। एक अधीर ऊर्जा मेरे शरीर में प्रवाहित होने लगी। मेरी तंत्रिकाएँ जैसे नृत्य करने लगीं और बाल सीधे खड़े हो गए। मुझे अपने भीतर के आध्यात्मिक हृदय का बोध हुआ। यह शारीरिक हृदय नहीं था। यह वहाँ उपस्थित सभी का स्रोत और समर्थन था। इस हृदय में एक बंद कली की भाँति मुझे कुछ प्रतीत हुआ। यह बहुत चमकदार और नीला था। महर्षि के मेरी तरफ देखने के साथ और स्वयं की आत्म-शांति से मुझे महसूस हुआ जैसे ये कली खिलकर पुष्प बन गई। मैंने कली शब्द का प्रयोग किया, लेकिन ये बिलकुल सटीक वर्णन नहीं था। यह कहना सही होगा कि हृदय में बंद कली जैसा कुछ था, जो अब खिलकर एक पुष्प बन गया था। और जब मैं हृदय कहता हूँ तो इसका अर्थ मानव शरीर में रक्त प्रवाह करनेवाला वह यंत्र नहीं है। मेरे अंतर का यह हृदय न शरीर के अंदर था, न बाहर था। जो कुछ भी हुआ, उसका वर्णन इससे ज्यादा नहीं किया जा सकता।

जो अब मैं कह सकता हूँ वह यह कि महर्षि की उपस्थिति और कृपा से मेरा हृदय खिलकर पुष्प बन गया। यह एक असाधारण अनुभूति थी, जो पहले कभी प्रतीत नहीं हुई। अपने भीतर ऐसे किसी अनुभव की इच्छा लिए मैं यहाँ नहीं आया था, अतः इस प्रकार के अनुभव से मैं पूरी तरह अचंभित हूँ।

अपनी भक्ति के अभ्यास में लगभग पूरा एक हफ्ता मैंने आश्रम में गुजारा। कृष्ण अकसर मेरे समक्ष प्रकट हो जाया करते और हम बहुत सा समय खेलकर साथ बिताते।''

□

अध्याय : दस

अरुणाचल में उनके अंतिम वर्ष

यथोचित अरुणाचल में अच्छी सड़क थी। इस पर श्री भगवान् ने अपने विद्यार्थियों को सुझाया कि गिरि प्रदक्षिणा करें, यानी एक गर्भवती महिला की तरह ध्यान और आदर से पहाड़ों की परिक्रमा करें। यह अभ्यास आध्यात्मिक होने के साथ-साथ शारीरिक रूप से भी लाभप्रद है, क्योंकि पहाड़ों में प्राकृतिक ओषधियाँ हवा में घुलकर एक चिकित्सकीय खुशबू बनाती हैं। जब तक उम्र की वजह से उनके शरीर ने जवाब न दिया श्री भगवान् स्वयं अकसर 14 किलोमीटर तक इस तरह से विचरण करते थे। आज भी कार्तिगई दीपम उत्सव पर पूर्णिमा की रात चाँद की रोशनी में जब अरुणाचल के शीर्ष पर एक बड़ा सा प्रकाश स्तंभ रखा जाता है तो लाखों लोग इस तरह परिक्रमा करते हैं और बहुत से लोग महर्षि की पसंदीदा कविता 'द मेरिटल गार्डन ऑफ लेटर्स' का उच्चारण भी करते हैं।

उनके अंतिम वर्षों में अलग-अलग प्रांत, जातियों और धर्मों को मानने वाले भारतीयों के अलावा कई महत्त्वपूर्ण विदेशी यात्री भी महर्षि के दर्शन हेतु आया करते।

पश्चिमी यात्रियों में एक सुविख्यात लेखक पॉल ब्रुंटन भी श्री भगवान् के दर्शन करने आए। वे उत्सुकतावश महर्षि से मिलने के लिए आश्रम पहुँचे। वहाँ उनके साथ जो घटना घटी, उसने उनकी आँखें खोल दीं। आश्रम में जानवर और पक्षी तक निर्भय होकर रहते थे। महर्षि इन पक्षियों

और जानवरों को मनुष्यों की तरह संबोधित करते थे। महर्षि और ये पशु-पक्षी एक-दूसरे से बहुत घुल-मिल गए थे। वे रात को एक मचान पर सोने की तैयारी कर रहे थे। तभी उन्होंने देखा कि मचान पर एक जहरीला साँप चढ़ रहा है। उन्हें लगा कि आज उनकी मृत्यु निश्चित है। तभी रमण महर्षि का एक सेवक वहाँ आया और साँप से आदमी की तरह बोला—ठहरो बेटा! साँप एक आज्ञाकारी बालक की तरह जहाँ का तहाँ रुक गया और फिर पहाड़ों की तरफ गया और गायब हो गया। यह अद्‍भुत घटना थी। पॉल ब्रुंटन के लिए यह चकित करनेवाली घटना थी। उन्होंने आश्रम के सेवक से पूछा—आखिर तुमने यह चमत्कार कैसे किया? सेवक ने कहा—यह मैंने नहीं, रमण महर्षि ने चमत्कार किया। उनका कहना है कि किसी जीव-जंतु से भी अगर हम प्यार से बोलेंगे तो वह जरूर सुनेगा।

रमण आश्रम में छपनेवाली आध्यात्मिक पत्रिका 'द माउंटेन पाथ' में महर्षि और ब्रुंटन की भेंट पर छपी एक रिपोर्ट यहाँ पेश है—

दोपहर के लगभग साढ़े चार बजे हॉल में महर्षि के सामने विद्यार्थीगण बैठकर अखबार में छपे मिस्टर पॉल ब्रुंटन के आश्रम आने की खबर पर चर्चा कर रहे थे। घड़ी में पाँच बजते ही हाथ में मिठाई लिए एक यूरोपी पहनावे वाले व्यक्ति ने आश्रम में प्रवेश किया। आगंतुक ने महर्षि को मिठाई अर्पित की और यूरोपीय पद्धति से प्रणाम करने के बाद उनके सामने जमीन पर बैठ गया।

वह व्यक्ति लंदन का एक जाना-माना पत्रकार पॉल ब्रुंटन था, जो इस समय भारत भ्रमण पर निकला था। वह पूर्वी आध्यात्मिक ज्ञान के बारे में जानने को उत्सुक था। उसके विचार से आध्यात्मिक ज्ञान के अध्ययन और प्रसार से पूर्वी और पश्चिमी संबंधों को प्रबल करने में सहयोग मिलेगा। वह बहुत सारे आश्रमों में घूमने के बाद श्री रमण महर्षि के पास आया था। वह महर्षि के सामने बैठ गया और पूरा हॉल बिलकुल शांत था। पॉल को आश्रम तक लानेवाले व्यक्ति ने शांति भंग करते हुए पूछा कि क्या वह कोई प्रश्न पूछना चाहता है।

वह प्रश्न पूछने के मिजाज में नहीं था और इसी तरह लगभग डेढ़

घंटा व्यतीत हो गया। तब ब्रुंटन ने अपने भारत भ्रमण का कारण बताया। उत्सुकता भरी आवाज में उसने कहा कि अध्यात्म की गुत्थी समझने हेतु वह भारत आया है। फिर उसने कहा, "सिर्फ मैं ही नहीं, बल्कि पश्चिम के कई दूसरे लोग भी पूर्वी ज्ञान प्रकाश पाने को बेताब हैं।"

महर्षि ने उसकी बात पर कोई ध्यान नहीं दिया और शांतिपूर्वक बैठे रहे। दूसरी सुबह आगंतुक ने हॉल में प्रवेश किया और उत्सुकता से महर्षि के समक्ष कुछ प्रश्न रखे। निम्नलिखित प्रश्नोत्तर ब्रुंटन और महर्षि के वार्त्तालाप का परिणाम है—

ब्रुंटन : बहुत से पश्चिमी लोग ध्यान समाधि लगाते हैं, किंतु इससे उनकी उन्नति नहीं होती।

महर्षि : आपको कैसे पता कि उनकी उन्नति नहीं हुई? मनुष्य का आध्यात्मिक विकास आसानी से पहचान में नहीं आता।

ब्रुंटन : कुछ सालों पूर्व मुझे आध्यात्मिक आनंद की प्राप्ति हुई, लेकिन अगले कुछ सालों में मुझे परमानंद का आभास होना बंद हो गया। फिर पिछले साल मुझे परमानंद प्राप्त हुआ। ऐसा क्यों?

महर्षि : आपने परमानंद को शीघ्र ही खो दिया, क्योंकि आपकी ध्यान-समाधि अभी सहज नहीं हुई। जब आप पुनः इसके अभ्यस्त हो जाएँगे तो आध्यात्मिक आनंद फिर एक सहज और साधारण अनुभव बन जाएगा।

ब्रुंटन : शायद एक गुरु के अभाववश ऐसा हुआ?

महर्षि : हाँ, किंतु आपका गुरु आपके अंतर में है। वह तुमसे भिन्न नहीं है, तुम्हारे साथ है।

ब्रुंटन : परमात्मा की प्राप्ति का मार्ग क्या है?

महर्षि : विचार यानी स्वयं से पूछो 'कौन हूँ मैं?'—स्वयं अपने व्यक्तित्व का परीक्षण करो।

ब्रुंटन : क्या महर्षि जानते हैं कि इस मानव शरीर में एक अवतार वास करता है?

महर्षि : हाँ, शायद।

ब्रुंटन : ईश्वरत्व की प्राप्ति का सर्वश्रेष्ठ मार्ग क्या है?

महर्षि : आत्म-परीक्षण ही आत्मबोध का नेतृत्व करता है।

ब्रुंटन : क्या आध्यात्मिक विकास के लिए गुरु का होना अनिवार्य है?

महर्षि : हाँ।

ब्रुंटन : क्या विद्यार्थी को सही मार्ग की ओर अग्रसर करना गुरु के लिए संभव है?

महर्षि : हाँ।

ब्रुंटन : एक अच्छा विद्यार्थी होने की क्या शर्तें हैं?

महर्षि : आत्मबोध की प्रबल इच्छा, गंभीरता और मन की शुद्धता।

ब्रुंटन : क्या गुरु के आगे आत्मसमर्पण करना आवश्यक है?

महर्षि : हाँ, अज्ञानता के अंधकार को भगाने के लिए जीवन की प्रत्येक वस्तु का समर्पण आवश्यक है। मनुष्य को समर्पण करना चाहिए अपने अहम का, जो उसे इस संसार से बाँधे रखता है। अतः शारीरिक चेतना को त्यागना ही वास्तविक समर्पण है।

ब्रुंटन : क्या गुरु, विद्यार्थी के सभी सांसारिक कार्यों के नियंत्रण की अपेक्षा रखता है?

महर्षि : हाँ, समस्त।

ब्रुंटन : क्या वह अपने विद्यार्थी को आध्यात्मिक प्रकाश दे सकता है?

महर्षि : गुरु वह सब दे सकता है जो एक विषय चाहता है। अनुभव द्वारा यह देखा भी जा सकता है।

ब्रुंटन : क्या शारीरिक रूप से गुरु के संपर्क में रहना आवश्यक है, यदि हाँ, तो कितने समय तक?

महर्षि : यह विषय की परिपक्वता पर निर्भर है। बारूद में आग लगने में क्षण भर ही लगता है, किंतु वही अग्नि कोयला सुलगाने में काफी समय भी लेती है।

ब्रुंटन : क्या जीवन के अन्य कार्यों के साथ ही आध्यात्मिक मार्ग का विकास संभव है?

महर्षि : कार्य और ध्यान परस्पर विरोधी नहीं हैं। इसके प्रतिकूल, स्वार्थहीन कार्य ही आत्मबोध के लिए मार्ग बनाते हैं।

ब्रुंटन : यदि एक व्यक्ति कार्य में संलग्न है तो उसे ध्यान के लिए बहुत कम समय मिलेगा।

महर्षि : अध्यात्म के नवविषय को ही ध्यान हेतु विशेष समय की आवश्यकता है। एक अधिक विकासशील व्यक्ति हमेशा परमानंद में रहता है, यद्यपि वह कार्य में व्यस्त हो या न हो। सामाजिक कार्यों में व्यस्त रहते हुए भी वह अपने मन को शांतिपूर्ण तरीके से एकांत में रख सकता है।

इसके बाद भी कई बैठकें हुईं और ब्रुंटन अपने नए गुरु से कई बार भेंट करने आया। उसने अपनी पुस्तक 'ए सर्च इन सीक्रेट इंडिया' में उनके कई संवाद अभिलिखित किए। रमण आश्रम ने भी महर्षि के साथ ब्रुंटन की विवेचना पर एक 'कॉन्शियस इम्मोर्टेलिटी' नामक पुस्तक प्रकाशित की।

पॉल ब्रुंटन का मित्र और जाना-माना उपन्यास लेखक 'सोमरसेट मुघम' रमण आश्रम का एक और मुख्य आगंतुक था। 'माउंटेन पाथ' में प्रकाशित एक लेख के कुछ अंश उसकी यात्रा का वर्णन कुछ इस प्रकार करते हैं—

जनवरी 1938 में सोमरसेट मुघम नामक एक ब्रिटिश उपन्यास लेखक ने कुछ घंटों के लिए रमण आश्रम की यात्रा की। श्री भगवान् से एक संक्षिप्त भेंट ने उसे इतना प्रभावित किया कि उसने उन्हें अपनी पुस्तक के कल्पनाशील गुरु के आदर्श की भाँति प्रस्तुत किया। कुछ सालों पश्चात् सन् 1944 में सोमरसेट की 'द रोजर्स ऐज' नामक पुस्तक प्रकाशित हुई। सोमरसेट ने अपनी इस मुलाकात का उल्लेख एक निबंध 'द सेंट' में भी किया जो कि इस घटना के लगभग बीस साल बाद सन् 1958 में प्रकाशित हुआ। श्री भगवान् से मुलाकात का मुघम पर जो प्रभाव पड़ा, उसका विवरण उसने अपने निबंध में कुछ इस प्रकार लिखा—

"उन्होंने स्नेहपूर्वक अभिवादन के कुछ मीठे बोल बोले और मेरे

बिछौने से थोड़ी ही दूर जमीन पर बैठ गए…

…कुछ ही मिनटों में, मेरे चेहरे की ओर भद्रता से देखने के दौरान उनकी आँखें मेरे कंधों के ऊपरी हिस्से पर दृढ़ हो गईं। उनका शरीर स्थिर था, लेकिन अब उनके पैर हलके-हलके जमीन पर थपकी दे रहे थे। वे इसी तरह स्थिरता से लगभग 15 मिनट तक मुझे देखते रहे और बाद में मुझे बताया कि वे मुझ पर केंद्रित होकर ध्यान लगा रहे थे। फिर वे मेरी ओर आए, जैसे कि मैं कुछ व्यक्त करूँ, और फिर से मुझे देखने लगे। उन्होंने मुझसे पूछा, क्या मैं कुछ पूछने की इच्छा रखता हूँ या कोई प्रश्न पूछना चाहता हूँ। मैं बहुत दुर्बल और अस्वस्थ महसूस कर रहा था, इसलिए वे मुसकराए और कहा, 'मौन भी एक प्रकार का वार्त्तालाप है।' उन्होंने अपना सिर हल्का सा मोड़ा और मेरे कंधों के ऊपरी हिस्से की ओर देखते हुए फिर से ध्यान केंद्रित किया। किसी ने एक शब्द भी नहीं कहे। कुटिया के द्वार पर खड़े दूसरे व्यक्ति ने अपनी आँखें उन पर दृढ़ की हुई थीं। अगले 15 मिनट पश्चात् वे उठे, झुके, मुसकराकर विदाई ली और अपनी छड़ी को धीरे से टिकाते हुए अपने विषयों के साथ कुटिया से बाहर चले गए…

आश्रम के एक और आगंतुक मेजर चाडविक ने कहा, "स्वामी अनंत ध्यान के उस परमानंद में प्रवेश कर गए, जिसे समाधि कहते हैं। मेरे कमरे में मुघम को दर्शन देने के बाद, भगवान् हॉल में वापस चले गए, जबकि बाकी लोग चाय के लिए वहाँ रुके रहे। चाय पीने के बाद लंबे जूते पहने हुए वह व्यक्ति सोमरसेट मुघम हॉल में जाना चाहता था और देखना चाहता था कि आखिर भगवान् किस प्रकार रहते हैं। मैं उसे पश्चिमी खिड़की पर ले गया और वह कुछ समय तक खिड़की से बाहर रुचिपूर्वक देखते हुए मानसिक विचार बनाता रहा।" वार्त्ता नंबर 550 'टाक्स विद श्री रमण महर्षि' में मुघम की यात्रा का दूसरा संक्षिप्त वर्णन है। उस रूपांतरण की समाप्ति में कहा गया है—लेखक (मुघम) ने प्रश्न पूछने की चेष्टा की, किंतु कुछ बोल नहीं पाया। मेजर चाडविक ने उसे प्रश्न पूछने हेतु प्रोत्साहित किया। श्री भगवान् ने कहा, 'सब समाप्त हो गया। हृदय

की वार्त्ता ही सभी प्रकार की वार्त्ता है। सभी प्रकार की बातचीत का अंत केवल शांति में ही होना चाहिए।'

दूसरा प्रसिद्ध आगंतुक एक ख्याति प्राप्त फ्रेंचमैन हेनरी कार्टियर ब्रेसन था, जो अपने फोटोग्राफी के हुनर के लिए पूरी दुनिया में मशहूर था। श्री भगवान् की महासमाधि से थोड़ा पहले ही वह भावी पीढ़ियों के लिए महान् संतों की फोटोग्राफ लेने रमण आश्रम पहुँचा। ये स्मरणीय चित्र बाद में एक पुस्तक रूप में प्रकाशित भी हुए। उसके तुरंत बाद जब भगवान् ने देह त्यागा, ब्रेसन ने अरुणाचल के ऊपर विचरती हुई एक बड़ी उल्का का आश्चर्यजनक दृश्य भी देखा।

श्री भगवान् के पूरे जीवनकाल में विभिन्न देशों के महान् आगंतुक और जीवन के हर परिदृश्य से आनेवाले लोग शामिल थे। उनके भक्तों में राम-कृष्ण पर श्रद्धा रखनेवाले भारत के महाराजा तक शामिल थे। महात्मा गांधी भी अपने सहयोगियों को आध्यात्मिक ज्ञान की बढ़ोतरी हेतु महर्षि के पास जाने की सलाह देते।

महत्त्वपूर्ण आगंतुकों की यात्रा का विवरण रुचिकर है, साथ ही उन साधारण और समर्पित पुरुष और महिलाओं को भी पहचानना महत्त्वपूर्ण है, जिन्हें योग्यतानुसार महर्षि से भेंट और उनके दर्शन करने का पुण्य प्राप्त हुआ। कई तो उनकी ज्ञान पद्धति अपनाकर उनके करीबी विद्यार्थी बन गए। अपने तीसरे आयतन 'द पॉवर ऑफ द प्रेजेंस' में लेखक डेविड गॉडमेन ने इन करीबी विषयों की कई स्मरणीय घटनाएँ अभिलिखित कीं।

अंतिम वर्षों के दौरान श्री भगवान् एक जीवनमुक्त प्राणी की भाँति सभी शारीरिक तत्त्वों को समाप्त कर दिया था। वे इस अस्थायी कष्ट को एक स्वप्न की भाँति देखते थे, क्योंकि वे स्वयं को एक शारीरिक रूप की भाँति नहीं पहचानते थे। व्यापक रूप से कहा जाए तो वे एक प्राकृतिक चिकित्सक थे, जो पारंपरिक औषधीय उपचार पर विश्वास करते और आत्मबोध की प्राप्ति हेतु आवश्यक सात्त्विक भोजन यानी दूध से बने आहार और शाकाहारी भोजन के सशक्त समर्थक थे।

1948 के आसपास उनकी बाईं कोहनी पर एक छोटा उभार दिखने लगा, जिसका आकार धीरे-धीरे बढ़ता गया और कष्टकारी हो गया। फरवरी 1949 में यह कर्क रोग का ट्यूमर बन गया। कड़े विरोध के बाद आखिरकार वे शल्य चिकित्सा से इसे हटवाने को तैयार हो गए। अफसोस की बात है कि इस छोटे से ऑपरेशन के बाद कर्क रोग फिर से ट्यूमर के रूप में उभरा। तब श्रेष्ठ शल्य चिकित्सकों ने कहा कि यह ट्यूमर शरीर के लिए अनिष्टकारी होगा और इसका ऑपरेशन कराना जरूरी है। बाद में इसका उपचार रेडियम से किया और जब पूरा अंग काटने की बारी आई तो भगवान् का कथन था—

"...चेतावनी की आवश्यकता नहीं। मानव शरीर स्वयं ही एक रोग है। इसका प्राकृतिक अंत होने दो। इसे विकलांग क्यों करें? प्रभावित अंग की सामान्य मरहम पट्टी ही पर्याप्त है।"

जब विषयगण भगवान् के स्वास्थ्य लाभ हेतु प्रार्थना करने लगे, उनसे उनकी क्षमताओं के बारे में पूछा गया, तो मुसकराते हुए उन्होंने उत्तर दिया—

"अच्छे कार्यों में संलग्न होना निश्चित ही वांछनीय है, उन्हें चलते रहने दो। इस प्रकिया से सब सही होगा। यह इच्छा कौन कर रहा है?" उन्होंने संस्कृत में एक श्लोक बोला—"फलदायी कर्मों पर शरीर को निर्भय रहने दो, रहे या जाए, जिए या मरे, जिस साधु को आत्मबोध हो चुका है वह इससे परे है, जैसे एक मतवाले उदासीन व्यक्ति को अपने कपड़ों का बोध न हो।"

अपने आखिरी दिनों में भी वे सैकड़ों भक्तों को पलंग पर लेटे हुए तेजस्वी दर्शन देते। महासमाधि से दो दिन पूर्व उन्होंने अपनी कृपा उन सब पर की, जो उनके सामने आए। 14 अप्रैल, 1950 को सैकड़ों श्रद्धालुओं ने उनके शयनकक्ष के सम्मुख एकत्रित होकर महामंत्र 'अरुणाचल शिवा!' का उच्चारण किया। उनकी आँखों से हर्षोन्माद की अश्रुधारा बहने लगी। तब अंतिम साँस धीरे निकलते हुए आखिरकार बंद हो गई। वहाँ खड़े लोगों को दक्षिण से उत्तर की ओर जाता हुआ एक धूमकेतु दिखाई दिया,

जो अरुणाचल की चोटी के पीछे लुप्त हो गया। इस असाधारण दृश्य की चर्चा पूरे दक्षिण भारत में हुई और पूरे विश्व के अखबारों में भी इसकी चर्चा हुई। श्री भगवान् अपनी वास्तविकता यानी ब्रह्मांड के हृदय में वास करने लगे। उन्होंने कहा था—"मैं दूर जा रहा हूँ? मैं कहाँ जा सकता हूँ? मैं यहीं हूँ।"

आज उनके अधिकतर भक्त जानते हैं कि उनके द्वारा कहा गया यह कथन सत्य है। वे यह सत्य जानते हैं कि श्री भगवान् 54 साल अरुणाचल में निवास करनेवाले सिर्फ एक सुहावने मानव शरीर नहीं थे, बल्कि एक आकारहीन, शुद्ध सत्-चित-आनंद की चेतना थे। उनके ज्ञान का अनुसरण करनेवाले और उन्हें चाहनेवाले विद्यार्थियों के अंतर में वे निवास करते हैं।

पूरे ब्रह्मांड पर कृपा रखनेवाले महानतम आध्यात्मिक व्यक्तित्व वाले जगत्गुरु ने अपना भौतिक शरीर तो त्याग दिया, किंतु वे अपने चाहनेवालों के हृदय में हमेशा निवास करेंगे और एक सद्गुरु की भाँति उनका मार्गदर्शन करते रहेंगे।

□

अध्याय : ग्यारह

अरुणाचल का महत्त्व

इसमें कोई संदेह नहीं कि श्री भगवान् की महासमाधि शीघ्र ही जगतगुरु के नाम से पूरे विश्व में विख्यात हो गई। देहत्याग के पश्चात् अरुणाचल में अब भी श्री भगवान् के आश्रम में यात्रियों और शिष्यों का दल पहुँचता है। इसका कारण अति साधारण, सीधा और सरल है। सबसे पहले तो अरुणाचल एक महान् शिवलिंग और करोड़ों तीर्थयात्रियों की उपस्थिति से एक पवित्र पर्वत माना जाता है। यहाँ श्रद्धालुओं को असाधारण आध्यात्मिक शक्ति का अनुभव होता है, जो इसे पर्वत रूप में भगवान् की तरह मानते हैं और गुरुओं ने भी इसकी पुष्टि की है।

दूसरे, प्रभावकारी रमण आश्रम को खूबसूरती से व्यवस्थित किया गया है, जहाँ अब भी श्री भगवान् के चिह्न और उनकी उपस्थिति की अनुभूति होती है। यह सत्य है कि समाधि, माता के मंदिर और पुराने-नए हॉल, स्कंद आश्रम और गुफाएँ, जहाँ उन्होंने निवास किया और उपदेश दिए, महर्षि की अनुभूति होती है।

तीसरा, उनकी शिक्षाएँ, जो उनके द्वारा हर कोण और परिदृश्य से बताई गईं। उनकी पद्धति का कोई भी अपने जीवन में बिना किसी परिवर्तन के अभ्यास कर सकता है, चाहे वह अपनी दिनचर्या के अनुसार घर सँभाल रहा हो, किसी भी देश में रहता हो या किसी भी राष्ट्र से संबंध रखता हो। उन्होंने आत्मबोध की प्राप्ति का खुला मार्ग जनसाधारण को बताया और उनके इस

महत्त्वपूर्ण आविष्कार को जबरदस्त ख्याति मिली, जैसा कि उन्होंने कहा, आत्मबोध एक सिद्धांत है—एक सीधा मार्ग।

अरुणाचल एक महान् प्राकृतिक सुंदरतावाला आश्चर्यजनक और पन्ना रत्न जैसे हरियाले वातावरण का स्थान है जिसे बड़े जतन से सँभालकर रखा गया है। अदालती फरमान से यहाँ कई चुनिंदा पेड़ों, झाड़ियों का रोपण किया गया है और कई रास्तों को चालू कराकर उनका नवीनीकरण कराया गया है। गुफाओं और इमारतों की देखभाल कर इनकी पवित्रता को सुरक्षित रखा गया है। यह खूबसूरत पशु-पक्षियों का घर है। तिरुवन्नामलाई से अरुणाचल आते वक्त एक सुव्यवस्थित नगर है, जहाँ दक्षिण भारत के महान् पवित्र स्थलों में से एक चमत्कारी शिव मंदिर स्थित है। इसके अतिरिक्त अरुणाचल को अपने हृदय में स्थान देनेवाले लोगों को यह पर्वत आत्म-बोध की प्राप्ति का पौराणिक वचन देता है। अत: चमत्कारी अरुणाचल और रमण महर्षि का अतुलनीय जीवन अपने आध्यात्मिक रहस्यों से देश-विदेश के श्रद्धालुओं को अपनी ओर आकर्षित करता है।

रमण आश्रम में आनेवाले श्रद्धालुओं की सुविधा हेतु उपयुक्त आवासीय परिसर और एक बड़े डायनिंग हॉल का निर्माण कराया गया है। श्री रमण महर्षि के जीवन और शिक्षाओं के लिखित प्रमाण पत्रों के संरक्षण के लिए एक पुरालेख केंद्र भी स्थापित किया गया है। आश्रम के पुस्तकालय में भी वेदों और उपनिषदों के साथ-साथ महर्षि द्वारा रचित साहित्य का भंडार है। आश्रम आनेवाले श्रद्धालुओं में इसका वितरण तथा विक्रय किया जाता है। परिसर में रहनेवाले निवासियों तथा आश्रम आनेवाले यात्रियों की सुविधा हेतु यहाँ एक मुफ्त दवाखाने का भी प्रबंध है।

अरुणाचल संसार का आध्यात्मिक केंद्र

भारत के प्रत्येक आध्यात्मिक केंद्र की अपनी विशेषता तथा अपनी परंपरा है। इन सबमें तिरुवन्नामलाई (अरुणाचल) सबसे सीधे मार्ग, निराकार एवं न्यूनतम कर्मकांड के मार्ग का प्रतिनिधित्व करता है। यह पथ है—आत्म-

विचार का। तमिल में पुरानी कहावत है कि चिदंबरम को देखने से, तिरुवारूर में जन्म लेने से और बनारस में मरने से मुक्ति मिल जाती है, किंतु अरुणाचल के बारे में सोचने मात्र से मुक्ति निश्चित हो जाती है। केवल सोचने मात्र से, क्योंकि सीधे मार्ग में शरीर का संपर्क होना आवश्यक नहीं है। इसलिए यदि महर्षि ने तिरुवन्नामलाई एवं उसके पावन अरुणाचल पर्वत को अपना घर बनाया तो इसमें कोई आश्चर्य की बात नहीं है।

16 वर्ष की किशोर आयु में महर्षि ने मृत्यु के अनुभव में सहज आत्म-विचार द्वारा आत्म-ज्ञान की प्राप्ति के बाद घर छोड़कर अरुणाचल में एक साधु का जीवन अपनाया तथा वहाँ वे जीवन-पर्यंत रहे। उनकी महासमाधि के समय एक चमकीले तारे को आकाश में भ्रमण करते हुए तथा पवित्र पर्वत अरुणाचल के शिखर पर विलीन होते देखा गया। यह अरुणाचल के प्रति उनके न केवल समर्पण का प्रतीक था, बल्कि उसके साथ उनकी एकरूपता का संकेत भी था। उन्होंने अपनी रचनाओं, कथनों तथा स्वयं के जीवन द्वारा अरुणाचल को एक आध्यात्मिक केंद्र के रूप में महत्त्व प्रदान किया। महर्षि अरुणाचल को संसार का आध्यात्मिक केंद्र कहते थे। अरुण का अर्थ लाल या अग्नि जैसा तेजस्वी है, किंतु यह केवल ताप देनेवाला अग्नि नहीं है, बल्कि यह ज्ञानाग्नि है या प्रज्ञाग्नि है जो न तो गरम है और न ही ठंडा। अरुणाचल का गुह्य अर्थ है—ज्ञान का पर्वत। मध्य स्तर के कस्बे के रूप में तिरुवन्नामलाई अरुणाचल की तलहटी पर स्थित है। यह चेन्नै से दक्षिण-पश्चिम में 120 मील दूर एक विशाल एवं भव्य मंदिर के साथ स्थित प्राचीन नगर है। वार्षिक उत्सवों में यहाँ पूरे दक्षिण भारत से यात्रियों की भीड़ उमड़ती है। विशेषकर नवंबर में पड़नेवाले कार्तिगई दीपम के समय यह देखा जा सकता है। इस अवसर पर पर्वत के शिखर पर संध्या के समय घी की ज्योति जलाई जाती है। उसके अतिरिक्त आश्रम में महर्षि की जयंती एवं महासमाधि (आराधना) दिन, जो क्रमश: सर्दी एवं वसंत के अवसर पर पड़ते है, सबसे बड़े उत्सव हैं।

आध्यात्मिक पथ में सबसे सीधे एवं सहज रूप से संबद्ध होने के

बावजूद भारत के तीर्थों में तिरुवन्नामलाई अधिक प्रख्यात नहीं है, क्योंकि सीधा पथ कभी भी अधिक प्रख्यात नहीं हो सकता। यह अन्य पथों से अधिक कठिन नहीं है। संभवत: इसीलिए अधिकांश की तुलना में कुछ परिपक्वों के लिए है। निश्चित ही आत्म-विचार की पद्धति कुछ सदियों से प्रयोग से बाहर हो चुकी थी। यह महर्षि थे, जिन्होंने इसे पुनर्जीवित किया। इसे सीधा, सरल एवं सार्वभौम बनाया। अपने अनुग्रह एवं मार्गदर्शन से इसे मुमुक्षुओं के किए सुलभ किया।

पर्वत के उद्‌गम की एक पौराणिक कहानी है। एक बार ब्रह्मा एवं विष्णु में विवाद छिड़ा कि उनमें कौन बड़ा है। इस झगड़े से धरती की संतुलन व्यवस्था डगमगा गई, इसलिए देवताओं ने शिव से विवाद को सुलझाने की प्रार्थना की। तब शिव ने अपने आपको एक प्रकाश-स्तंभ के रूप में प्रकट किया, जिससे एक दिव्य आकाशवाणी हुई कि जो भी इस स्तंभ का ऊपर या निचला छोर सर्वप्रथम मालूम करेगा, वह बड़ा होगा। विष्णु ने एक सुअर का रूप धारण किया तथा छोर मालूम करने के लिए पृथ्वी में छेद करते हुए नीचे चले, जबकि ब्रह्मा ने एक हंस का रूप धारण किया तथा छोर मालूम करने ऊपर आकाश में उड़े। विष्णु ज्योति स्तंभ के छोर पर पहुँचने में असफल रहे, किंतु उन्होंने स्वयं के भीतर दिव्य प्रकाश देखना आरंभ किया जो सभी हृदयों में प्रकाशित है। ध्यान में वह अपनी सुध-बुध भूल गए। उन्हें अपने भौतिक शरीर का बोध नहीं रहा। ब्रह्मा ने आकाश से एलू पौधे का फूल गिरते देखा। भ्रमवश उसे छोर मानकर सोचा कि वे विजयी हो गए। उस फूल, जो उन्हें क्षितिज से मिला था, के साथ वह वापस लौटे।

विष्णु ने अपनी असफलता स्वीकार की तथा ईश्वर की अनुशंसा एवं प्रार्थना की कि आप आत्मज्ञानी है। आप ओम् हैं। आप सभी चीजों के आरंभ, मध्य एवं अंत हैं। आप सबकुछ हैं तथा सभी चीजों को प्रकाशित करते हैं। उन्हें देखकर ब्रह्मा शर्मिंदा हुए तथा अपनी गलती स्वीकार कर ली। कथा में विष्णु मन का तथा ब्रह्मा बुद्धि का तथा शिव आत्मा का प्रतिनिधित्व करते हैं।

कहानी में आगे है कि लिंग या ज्योति स्तंभ इतना तेजस्वी था कि उसे सहन करना मुश्किल था। तब शिव ने उसकी जगह अपने आपको अरुणाचल पर्वत के रूप में प्रकट किया तथा उद्घोष किया कि 'जिस प्रकार से चंद्रमा अपना प्रकाश सूर्य से प्राप्त करता है, उसी प्रकार से दूसरे पवित्र स्थल अपनी पवित्रता अरुणाचल से प्राप्त करेंगे। केवल यह स्थान है जहाँ उनके कल्याण के लिए मैंने यह रूप धारण किया है जो मेरी पूजा करना एवं प्रकाशित होना चाहते हैं। अरुणाचल स्वयं में ओम् है। मैं प्रतिवर्ष इस पर्वत के शिखर पर शांति देनेवाले प्रकाश-ज्योति के रूप में प्रकट होऊँगा'। यह न केवल अरुणाचल की पावनता का संदर्भ देता है, बल्कि अद्वैत सिद्धांत एवं आत्म-विचार की महिमा का प्रदिपादन करता है, जिसका केंद्र अरुणाचल है। भगवान् के इस कथन से कोई भी उनका आशय जान सकता है कि 'अंत में हर किसी को अरुणाचल आना होगा'।

गिरि-प्रदक्षिणा

अरुणाचल-परिक्रमा को जीवन के समस्त दुःखों से मुक्ति के लिए एक तप बताया गया है। महर्षि ने अपने सभी भक्तों को 9 मील (14 कि.मी.) की परिक्रमा के लिए प्रोत्साहित किया। उन्होंने कहा कि गिरि-प्रदक्षिणा की महिमा का विस्तार से वर्णन अरुणाचल पुराण में है। भगवान् नंदीकेश ने सदाशिव से इसकी महानता के बारे में पूछा और सदाशिव ने उसका वर्णन इस प्रकार किया—'पर्वत की परिक्रमा उत्तम है। प्रदक्षिणा का विशिष्ट अर्थ है। 'प्र' अक्षर से सभी पापों से मुक्ति मिलती है। 'द' से सभी इच्छाओं की पूर्ति होती है। 'क्षि' से आशय पुनर्जन्म से मुक्ति है। 'णा' से आशय ज्ञान के द्वारा मुक्ति है। ईश्वर का सतत स्मरण करते हुए परिक्रमा मौन या ध्यान, जप या भजन करते हुए करना चाहिए। परिक्रमा धीमी गति से उसी प्रकार करनी चाहिए, जैसे एक गर्भवती स्त्री गर्भ के नवें माह में चलती है।

एक अन्य अवसर पर इसके लाभों का वर्णन करते हुए महर्षि ने कहा— "वास्तव में इस प्रदक्षिणा से व्यक्ति जो प्रसन्नता एवं आनंद प्राप्त

करता है, उसका वर्णन करना मुश्किल है। शरीर थक जाता है, इंद्रियों की शक्ति कम हो जाती है तथा शरीर की समस्त क्रियाएँ भीतर अवशोषित हो जाती हैं। इस प्रकार से अपने आपको भूलना संभव हो जाता है तथा ध्यान की अवस्था प्राप्त हो जाती है। जैसे ही कोई चलना जारी रखता है तो शरीर आसन की अवस्था जैसे समरूप हो जाता है। इसलिए शरीर का स्वास्थ्य भी सुधरता है। इसके अतिरिक्त पर्वत पर अनेक जड़ी बूटियाँ हैं। ओषधियों से गुजरी हुई हवा फेफड़ों के लिए अति उत्तम है।

'ईश्वर के अतिरिक्त बिना विचार के परिक्रमा करनेवाले यात्री अपनी आत्मा में लीन रहते हैं। शरीर हल्का हो जाता है तथा अपने आप चलता है। यह भी अनुभव नहीं होगा कि हम चल रहे हैं। आप बैठकर जिस ध्यान की प्राप्ति नहीं कर पाते वह स्वमेव प्रदक्षिणा से प्राप्त कर लेते हैं। चलने में असमर्थ व्यक्ति भी एक बार परिक्रमा कर लेने के बाद बार-बार परिक्रमा करने की इच्छा रखता है। जितना अधिक आप जाते हैं, उतनी अधिक उत्सुकता बढ़ती जाती है। यह कभी कम नहीं होती। कोई व्यक्ति परिक्रमा के आनंद से जुड़ जाने के बाद उसे कभी छोड़ नहीं सकता।''

इन दिनों पूर्णिमा के अवसर पर लाखों यात्रियों के प्रदक्षिणा पर जाने का दृश्य देखा जा सकता है। उन भक्तों की संख्या भी अच्छी है जो नित्य परिक्रमा करते है। महर्षि अकसर पर्वत की परिक्रमा में पूरा दिन और कभी-कभी कई दिन तथा कभी-कभी पूरा सप्ताह लेते थे। 1926 में उसका अंत हुआ जब उन्हें अनुभव हुआ कि प्रदक्षिणा के दौरान ध्यानाकर्षण से दूसरों को असुविधा होती है, किंतु अपने आरंभिक भ्रमण के बारे में उन्होंने बताया कि पर्वत पर एक भी स्थान ऐसा नहीं है जहाँ उनके पैर नहीं पड़े हों।

महर्षि द्वारा विरचित अरुणाचल पंचरत्न अत्यंत भावपूर्ण उद्गार हैं, जो एक पूर्ण ज्ञानी के आध्यात्मिक हृदय से निकलकर सदैव के लिए अरुणाचल के साथ एकाकार होते हैं। इन कविताओं की प्रत्येक पंक्ति में गहन प्रेरणा एवं मार्गदर्शन है—

''उसे एक स्वरूप मानकर जब मैंने संपर्क किया तो वह पृथ्वी पर

एक स्थिर पर्वत के रूप में खड़ा दिखता है। यदि मुमुक्षु अपने मन से उसकी आकृति को आकाररहित देखता है तो यह उसी प्रकार का है जैसे कोई पृथ्वी पर यात्रा करते हुए ईथर (आकाश) देखता है। इसके स्वरूप पर बिना विचार के ध्यान करने से स्वयं का व्यक्तित्व उसी प्रकार विगलित हो जाता है जैसे शक्कर की डली समुद्र के संपर्क में जाने से उसमें विलीन हो जाती है। जब मैंने यह जानने का प्रयत्न किया कि 'मैं कौन हूँ' तथा मेरा कोई अलग अस्तित्व है, तो मुझे ऊँचा अरुणाचल पर्वत खड़ा दिखा।''

श्री भगवान् की कृपा से आत्मबोध की प्राप्ति करनेवाले महान् तमिल कवि मुरुगनर ने श्री भगवान् की शिक्षाओं पर एक लंबी आह्वान कविता 'गारलैंड ऑफ गुरुज सेइंग' लिखी।

□

महर्षि की शिक्षाएँ

: 1 :

महर्षि रमण अपनी छोटी सी कुटिया में अत्यंत सादगी से रहते थे। न उन्होंने किसी वस्तु का संग्रह किया था और न ही उन्हें किसी वस्तु की आवश्यकता महसूस होती थी। उनके शिष्य और भक्त उनसे प्राप्त ज्ञान के बदले कई बार कोई उपहार अपने मन से देना चाहते तो महर्षि इनकार कर देते थे। अगर कभी कुछ आ भी गया तो वे उसे जरूरतमंदों में वितरित कर देते थे। निर्धनों व अशक्तों की सहायता करने के लिए वे सदैव तत्पर रहते थे और अपने शिष्यों को भी इसकी प्रेरणा दिया करते थे।

महर्षि रमण अपने शरीर पर मात्र एक धोती धारण करते थे। इस एक धोती के अतिरिक्त कोई सांसारिक वस्तु उनके पास नहीं थी। एक दिन महर्षि की धोती फट गई। उन्हें लगा कि अभी धोती को सिलकर कुछ समय इसी से काम चलाया जा सकता है। उन्होंने कुटिया में सुई खोजी, किंतु उनके जैसे संत के यहाँ सुई कैसे मिलती? उन्होंने बबूल के काँटे से ही धोती की सिलाई शुरू कर दी।

तभी उनका भक्त धीरजन उनके पास आया और बोला—''महर्षि, इसे फेंक दीजिए। मैं आपके लिए नई धोती ला देता हूँ।''

महर्षि ने बड़ी गंभीरता से कहा—''देखो, सामने खड़ा बच्चा ठंड से ठिठुर रहा है, तुम उसके लिए कपड़ों की व्यवस्था कर दो। समझ लेना कि

मैंने तुम्हारी धोती ले ली। मेरी यह धोती तो अभी दो माह और चल जाएगी।''

सच्चा संत वही है, जो इस जगत् में विरक्त भाव से रहे और अपना सबकुछ दूसरों को देने के लिए सदैव तत्पर रहे। महर्षि की बात सुनकर धीरजन उनके समक्ष नतमस्तक हो गया।

: 2 :

संत रमण के आश्रम में अनेक लोग अपनी समस्याओं के समाधान के लिए आते थे। एक दिन एक जिज्ञासु व्यक्ति आया और संत के पास शीघ्र पहुँचने के लिए जल्दी से अपने जूते उतारने लगा। जूते आसानी से नहीं उतरे, तो क्रोध में उसने किसी तरह पैर पटककर उन्हें उतारा और तेजी से आश्रम के दरवाजे को धकेलकर संत के पास पहुँच गया। आते ही उसने कहा, ''बाबा, मैं आपसे अपनी समस्या का समाधान जानने आया हूँ।'' संत बोले, ''तुम्हारी समस्या का समाधान असंभव है।''

वह व्यक्ति आश्चर्य से बोला, ''भला मेरी समस्या का समाधान क्यों नहीं होगा?''

संत ने कहा, ''क्योंकि तुम ठीक से व्यवहार करना ही नहीं जानते। जो विनम्र नहीं हो सकता, उसका काम भी सफल नहीं होता।''

व्यक्ति ने पूछा, ''पर मेरे व्यवहार में क्या दोष है?''

संत बोले, ''कदम-कदम पर है। तुम अकारण क्रोध में वस्तुओं को नुकसान पहुँचाते हो। तुमने अभी-अभी जूते और दरवाजे पर क्रोध किया। जाओ उनसे माफी माँगो।''

वह व्यक्ति हैरानी से बोला, ''मैं बेजान चीजों से माफी माँगूँ?''

संत बोले, ''तुम बेजान वस्तुओं के साथ भी सही ढंग से व्यवहार नहीं कर सकते और चाहते हो कि ईश्वर व संसार तुम्हारे साथ उचित व्यवहार करे। यदि तुमने इन वस्तुओं को वास्तव में बेजान समझा होता तो तुम इन पर क्रोध ही नहीं करते। विनम्रता से सारी समस्याओं के समाधान स्वयं हो जाते हैं।''

वह व्यक्ति संत का आशय समझ गया। उसने उन वस्तुओं के साथ-साथ संत से भी माफी माँगी और आगे से हमेशा हर किसी के साथ विनम्रता से पेश आने का वचन दिया।

: 3 :

रमण महर्षि के पास कुछ भक्त पहुँचे। जिसकी दृष्टि मात्र से जीव आनंद को प्राप्त होता है, जिसकी महिमा गाते शास्त्र थकते नहीं, युद्ध के मैदान में 'न हि ज्ञानेन सदृशं पवित्रमिह विद्यते' ऐसा कहकर भगवान् श्रीकृष्ण जिस ज्ञान की श्रेष्ठता व पवित्रता बताते हैं उस ज्ञान को प्राप्त किए हुए आत्मवेत्ता जीवनमुक्त महापुरुष के दर्शन करने की उनकी कई दिनों की इच्छा पूर्ण हुई। सुना था कि ब्रह्मनिष्ठ महापुरुष श्री रमण महर्षि के सान्निध्य में बैठने मात्र से हृदय शांति व आनंद का अनुभव करता है। आज वह सुअवसर प्राप्त हो गया।

भक्त-मंडल महर्षि को प्रणाम करके बैठा। किसी ने श्रीकृष्ण की आराधना की थी तो किसी ने अंबाजी की, किसी ने रामजी को रिझाने के प्रयास किए थे तो किसी ने सूर्यनारायण को अर्घ्य दिए थे। किसी ने व्रत किए थे तो किसी ने फलाहार से वर्ष बिताए थे। किसी ने दो देव बदले थे तो किसी ने तीन, चार या पाँच देव बदले थे।

उन्होंने रमण महर्षि से प्रश्न किया, "स्वामी जी! हमें कैसी साधना करनी चाहिए? रामायण सुनते हैं तो भगवान् श्रीराम सर्वेसर्वा लगते हैं। भागवत की कथा सुनते हैं तो 'श्रीकृष्ण गोविंद हरे मुरारी हे नाथ नारायण वासुदेव' यह मंत्र भाता है। शिवपुराण सुनते हैं तो 'नमः शिवाय' मंत्र प्यारा लगता है। कभी कुछ करते हैं कभी कुछ। अब हम क्या करें?"

सब भक्तों ने इस प्रकार अपने-अपने प्रश्न महर्षि के समक्ष प्रस्तुत किए। यह प्रश्न केवल उन लोगों का ही नहीं था, हम सबका भी यही प्रश्न है। जब तक आत्मबोध नहीं होता तब तक छोटी-छोटी बातों में चित्त उद्विग्न हो जाया करता है। उपासना करने से चित्त थोड़ा शुद्ध होता है, स्थिर होता है

और आत्मबोध से चित्त बाधित होता है। शुद्ध बना हुआ चित्त फिर अशुद्ध हो सकता है, लेकिन बाधित चित्त शुद्धि-अशुद्धि के पार पहुँच जाता है।

रमण महर्षि ऐसी बात बताते हैं जहाँ देव बदलने और चित्त के पतन व उत्थान को स्थान ही न मिले। महर्षि ने सबके प्रश्न सुने। क्षणभर निजानंद में गोता लगाया। फिर बोले—"भाई! तुम जिस देव की उपासना आराधना करते हो वह सब ठीक है। बार-बार अपने से प्रश्न करो कि उपासना आराधना करनेवाला मैं कौन हूँ? सतत अपने आप से यह प्रश्न करो। तुम्हारा जो कोई देव होगा वह प्रसन्न मिलेगा। देवो भूत्वा दैवं यजेत्। देव होकर देव की पूजा करो…

…तुम कौन हो? तुम यदि हाड़-मांस के अनथाभाई, छनाभाई होकर पूजा करोगे तो विशेष लाभ नहीं होगा। तुम अपने को खोजो तो पता चलेगा कि तुम कैसे दिव्य देह हो। तुम्हारी आत्मा कितनी महान् है। 'मैं कौन हूँ' यह प्रश्न अपने से पूछो और अपने आपको खोजो तो तमाम प्रश्नों के जवाब तुम्हें मिलते जाएँगे। भीतर से अपने आपकी सही पहचान हो गई तो तुम्हारे सब जप-तप फलित हो गए, सब दान-पुण्य सार्थक हो गए। फिर तो तुम्हारी मीठी निगाहें जिन पर पड़ेंगी वे भी लाभान्वित होने लगेंगे।"

बात छोटी सी लगती है, लेकिन पच्चीस-पचास साल से अलग-अलग उपासना करने से जो आध्यात्मिक विकास नहीं होता, वह विकास 'मैं कौन हूँ' की खोज से हो सकता है।

रमण महर्षि के पास दो तरह के व्यक्ति आते थे। एक तो वे जिन्हें तत्त्वज्ञान की जिज्ञासा थी और दूसरे वे जो उन्हें भगवान् मानते थे। जिनकी बुद्धि तीक्ष्ण होती है एवं जिन्हें तीव्र तड़प होती है, वे तत्त्वज्ञान की बात को सुनकर तत्त्व का साक्षात्कार कर लेते हैं, लेकिन जिनकी जिज्ञासा मंद होती है एवं बुद्धि की तीव्रता कम होती है, ऐसे व्यक्तियों को ब्रह्म की भावना करनी पड़ती है।

रमण महर्षि कहते थे, "यदि तुम ईश्वर के दर्शन करना चाहते हो तो ईश्वर के दर्शन करनेवाला कौन है, उसे जान लो। तुम्हारे में और ईश्वर में

क्या फर्क है? उसे जान लो।''

इस प्रकार के वचन सुनकर कुछ लोग तो तत्त्व के अन्वेषण में लग जाते थे, बाकी के कुछ लोग कहते कि तत्त्व क्या है...आत्मा क्या है...मैं कौन हूँ...इस झंझट में क्यों पड़ना? हमारे लिए तो आप ही भगवान् हैं। श्रीकृष्ण थे, श्रीराम थे, यह तो हमने सुना है, किंतु अभी वही साक्षात् हमारे सामने हैं। हम खुली आँख से उनके दर्शन कर रहे हैं, फिर आँखें बंद करके क्या देखना...क्या सोचना?

: 4 :

अरुणाचल पर्वत पर विरूपाक्ष नामक गुफा में 1902 में शिव प्रकाशम पिल्लै नाम के व्यक्ति रमण के पास 14 प्रश्न स्लेट पर लिखकर लाए। इन्हीं 14 प्रश्नों के उत्तर रमण की पहली शिक्षाएँ हैं। इनमें आत्म-निरीक्षण की विधि है जो कि तमिल में 'नान यार' और अंग्रेजी में 'हू एम आई' के नाम से प्रकाशित की गई।

उस समय के प्रसिद्ध संस्कृत विद्वान् गणपति आचार्य 1907 में रमण से मिलने गए और उनसे अपने आध्यत्मिक संदेह पर बात की। गणपति आचार्य ने बताया कि जो कुछ भी आध्यात्मिकता के बारे में पढ़ा जा सकता है मैंने पढ़ा है, यहाँ तक कि वेदांत शास्त्रों की भी मुझे पूर्ण समझ है। जप भी मैं अपने हृदय से करता हूँ। लेकिन फिर भी 'तपस' क्या है, अब तक समझ नहीं पाया हूँ? यही जानने के लिए आपकी शरण मैं आया हूँ।

रमण 15 मिनट तक उनकी आँखों में शांत होकर देखते रहे और फिर बोले—''अगर कोई यह देख पाए कि 'मैं' के भाव का उद्भव कहाँ से होता है तो उसका मन उसी स्थान पर अवशोषित हो जाएगा, और यही तपस है। अगर कोई देख पाए कि मंत्र बोलते समय मंत्र की ध्वनि कहाँ से पैदा होती है, तो उसका मन उसी स्थान पर अवशोषित हो जाएगा, और यही तपस है।''

यह रहस्योद्घाटन जानकर विद्वान् शास्त्री ने उनके सामने आत्मसमर्पण कर दिया और उन्हें भगवान् व महर्षि के नाम से संबोधित किया। शास्त्री ने

बाद में 'रमण-गीता' लिखी, जिसमें महर्षि की शिक्षाओं के बारे में बताया गया है। रमण महर्षि के शिष्यों ने उनके लिए एक आश्रम और मंदिर का निर्माण किया, जहाँ पर देश और विदेश से भक्त आकर रहते थे।

: 5 :

महर्षि रमण से एक दिन कुछ भक्तों ने पूछा, क्या उन्हें भगवान् के दर्शन हो सकते हैं? महर्षि ने उन्हें बताया, "हाँ, क्यों नहीं हो सकते, परंतु उन्हें पहचाननेवाली आँखें चाहिए।" कुछ क्षण रुककर उन्होंने कहा, "एक सप्ताह तक चलनेवाले समारोह के अंतिम दिन भगवान् आएँगे, उन्हें पहचानकर उनके दर्शन कर लेना।"

भक्तों ने मंदिर को सजाया, सुंदर ढंग से भगवान् का शृंगार किया तथा संकीर्तन शुरू कर दिया। महर्षि रमण भी समय-समय पर संकीर्तन में जाकर बैठ जाते। सातवें दिन भंडारा का कार्यक्रम था। भोग के लिए कई व्यंजन बनाए गए थे। मंदिर के सामने पेड़ के नीचे मैले कपड़े पहने एक कोढ़ी खड़ा था। वह एकटक देख रहा था कि शायद उसे भी प्रसाद मिल जाए।

एक व्यक्ति दया करके साग-पूरी से भरा एक दोना उसके लिए ले जाने लगा कि एक ब्राह्मण ने उसे लताड़ते हुए कहा, यह प्रसाद भक्तजनों के लिए है, किसी कंगाल कोढ़ी के लिए नहीं। और वह उस दोने को वापस ले आया। महर्षि रमण यह दृश्य देख रहे थे।

भंडारा खत्म होने पर भक्तों ने महर्षि से पूछा, "आज सातवाँ दिन है, किंतु भगवान् तो नहीं आए।" महर्षि ने शांत मुद्रा में जवाब दिया, "मंदिर के बाहर जो कोढ़ी खड़ा था, वही तो भगवान् थे। तुम्हारे चर्म चक्षुओं ने उन्हें कहाँ पहचाना? भंडारे का प्रसाद बाँटते समय भी तुम्हें इनसानों में अंतर नजर आता है।" यह सुनकर भगवान् के दर्शन के इच्छुक लोगों का मुँह उतर गया।

: 6 :

रमण एक मौन उपदेशक थे। उन्हें एक मौनी कहना अधिक उपयुक्त होगा। सामान्यतया उपदेश के लिए द्वैत अर्थात् उपदेशक एवं उपदेश ग्रहण

करनेवाले का होना आवश्यक है, जबकि रमण के बारे में संबोधित करते हुए एक भक्त ने लिखा—'शुद्ध अद्वैत सार'। उनके सीधे एवं गंभीर उपदेश मौन में संप्रेषित हुए।

यद्यपि कितने वहाँ थे जो उनके उच्चारित एवं अलिखित शब्दों को सुन या अनुभव कर पाए? भक्तों एवं आगंतुकों ने उनसे प्रश्न पूछे। अपनी असीम अनुकंपा से उन्होंने अद्वितीय रूप में उत्तर दिए, जैसा कि निम्नलिखित उद्धरण दर्शाते हैं—

आनंद—समस्त जीव सदैव आनंद की इच्छा रखते हैं, ऐसा आनंद जिसमें दुःख का कोई चिन्ह नहीं हो। जबकि हर व्यक्ति अपने आप से सर्वाधिक प्रेम करता है। इस प्रेम का कारण केवल आनंद है, इसलिए आनंद अपने स्वयं के भीतर होना चहिए।

जबकि उस आनंद की अनुभूति, गहन निद्रा में जब मन अनुपस्थित रहता है तो प्रत्येक व्यक्ति प्रतिदिन करता है। उस प्राकृतिक आनंद की प्राप्ति के लिए व्यक्ति को अपने स्वयं के बारे में जानना चाहिए। इसके लिए आत्म-विचार—'मैं कौन हूँ?' प्रमुख साधन है।

चेतना—सत या चित् एक मात्र वास्तविकता है। चेतना-जाग्रत् को हम जागृति कहते हैं। चेतना-नींद को हम निद्रा कहते हैं। चेतना-स्वप्न को हम स्वप्न कहते हैं। चेतना वह परदा है, जिस पर सभी तसवीरें आती एवं जाती हैं। परदा वास्तविक है, जबकि तसवीरें उस पर छाया मात्र हैं।

मन—मन आत्मा की आश्चर्यजनक शक्ति है। शरीर के भीतर जो 'मैं' के रूप में उदित होता है, वह मन है। जब सूक्ष्म मन, मस्तिष्क एवं इंद्रियों के द्वारा बहिर्मुखी होता है तो स्थूल नाम, रूप की पहचान होती है। जब वह हृदय में रहता है तो नाम, रूप विलुप्त हो जाते है। यदि मन हृदय में रहता है तो 'मैं' या अहंकार, जो समस्त विचारों का स्रोत है, चला जाता है और केवल आत्मा या वास्तविक शाश्वत 'मैं' प्रकाशित होता है। जहाँ अहंकार लेशमात्र नहीं होता, वहाँ आत्मा है।

'मैं कौन हूँ?' आत्म विचार—समस्त विचारों का स्रोत—'मैं' का

विचार है। मन केवल आत्म-विचार—मैं कौन हूँ, द्वारा विगलित होगा। 'मैं कौन हूँ' का विचार अन्य सभी विचारों को नष्ट कर देगा और अंत में स्वयं को भी नष्ट कर देता है। यदि दूसरे विचार उदित होते हैं तो उन्हें पूरा हुए दिए बिना तुरंत खोज करनी चहिए कि किसके लिए ये विचार उदित हुए। चाहे कितनी ही संख्या में विचार उदित क्यों न हों? जैसे ही एक विचार उदित होता है, सतर्क रहते हुए पूछना चाहिए कि यह विचार किसके लिए है? उत्तर होगा मेरे लिए। यदि आप 'मैं कौन हूँ' इसका आत्म-विचार करते हैं तो मन अपने स्रोत पर वापस पहुँच जाएगा। विचार जो उदित हुआ था, अस्त भी हो जाएगा। इसका आप जितना अधिक अभ्यास करते हैं, मन की अपने स्रोत में निवास करने की शक्ति बढ़ती जाती है।

आत्म-समर्पण

आत्म -समर्पण के दो तरीके हैं। एक—'मैं' के स्रोत का पता लगाना तथा उस स्रोत में विलीन हो जाना। दूसरा यह है कि अपने आपको असहाय अनुभव करें। केवल ईश्वर ही सर्वशक्तिमान है तथा अपने आपको पूरी तरह से उसके ऊपर छोड़ देने के अतिरिक्त मेरे लिए सुरक्षा का दूसरा साधन नहीं है। क्रमशः यह विश्वास करें कि केवल ईश्वर ही अस्तित्वमान है तथा अपने अंहकार का कोई महत्त्व नहीं है। दोनों ही रास्ते एक ही लक्ष्य पर पहुँचाते हैं। पूर्ण-समर्पण, मुक्ति, ज्ञान का ही दूसरा नाम है।

तीन अवस्थाएँ—जाग्रत्, स्वप्न, और सुषुप्ति

स्वप्न एवं जाग्रत् अवस्था में कोई अंतर नहीं है, सिवा इसके कि स्वप्न छोटा तथा जाग्रत् अवस्था लंबी होती है। दोनों ही मन के परिणाम है। वास्तविक अवस्था जिसे तुरिया (चतुर्थ) कहा जाता है, जाग्रत्, स्वप्न एवं नींद के पार है।

अनुग्रह—और गुरु मैंने नहीं कहा है कि गुरु की आवश्यकता नहीं है, किंतु गुरु का व्यक्ति की आकृति के रूप में सदैव होना आवश्यक नहीं है। सर्वप्रथम व्यक्ति सोचता है कि वह एक निम्न (छोटा) है तथा कोई एक

श्रेष्ठ, सर्वज्ञ, सर्वशक्तिमान ईश्वर है, जो उसके तथा संसार के भाग्य का नियंत्रण करता है।

वह उस ईश्वर की पूजा या भक्ति करता है। जब वह एक निश्चित अवस्था में पहुँचता है अथवा ज्ञान प्राप्ति का पात्र हो जाता है तो वही ईश्वर, जिसकी वह पूजा कर रहा था, एक गुरु के रूप में आता है तथा उसका मार्गदर्शन करता है। गुरु उसे केवल यह बताने आता है कि ईश्वर तुम्हारी स्वयं की आत्मा में है। भीतर गोता लगाओ और परमात्मा, गुरु एवं आत्मा को एक रूप में अनुभव करो।

आत्म-साक्षात्कार

जिसे हम आत्म-साक्षात्कार की अवस्था कहते है, वह केवल आत्मवत् होना है, न कि किसी चीज को जानना या कोई चीज हो जाना। जिसने आत्मबोध किया है, वह केवल वह सत्ता, जो है तथा सदैव अस्तित्वमान रही है, हो जाता है। उस अवस्था का वर्णन वह नहीं कर सकता है। वह केवल 'वह' हो सकता है। निश्चित ही किसी बेहतर संबोधन के लिए हम आसानी से आत्म-साक्षात्कार की बात करते हैं। केवल शांति अस्तित्वमान है। हमें केवल शांत रहने की आवश्यकता है। शांति हमारी वास्तविक प्रकृति है। हम इसे नष्ट करते हैं। इस नष्ट करने की आदत को बंद करने की आवश्यकता है।

हृदय—हृदय गुहा के मध्य में केवल ब्रह्म आत्मा के रूप में अहम्-अहम् की स्फुरणा के साथ चमकता है। श्वास-नियमन या एकाग्रचित्त आत्म-विचार द्वारा अपने भीतर गोता लगाकर हृदय में पहुँचो। इस प्रकार से आप आत्मा में स्थिर हो जाएँगे।

परित्याग

यह पूछे जाने पर कि मोक्ष की व्यवस्था में एक गृहस्थ का क्या भविष्य है? भगवान् ने कहा, "आप क्यों सोचते हैं कि आप गृहस्थ हैं? यदि आप एक संन्यासी हो जाते हैं तो उसी प्रकार का एक विचार कि आप संन्यासी है,

आपका पीछा करेगा। आप गृहस्थ जीवन में रहते हैं या इसे त्यागकर संन्यास ग्रहण कर जंगल चले जाते हैं, आपका मन आपके साथ जाता है। अहंकार समस्त विचारों का स्रोत है। यह शरीर एवं संसार की रचना करता है तथा आप गृहस्थ हैं, सोचने पर विवश करता है। यदि आप संसार का त्याग कर देते हैं तो गृहस्थ की जगह संन्यासी का विचार तथा घर की जगह जंगल का वातावरण स्थानापन्न हो जाएगा। किंतु मानसिक अवरोध, तब भी वहाँ रहेंगे, बल्कि नए वातावरण में वे और बढ़ जाते हैं। वातावारण परिवर्तन से कोई सहयोग नहीं मिलेगा। अवरोध मन है। चाहें घर पर हों या जंगल में उसे दूर करना चाहिए। यदि यह आप जंगल में कर सकते हैं तो घर पर क्यों नहीं? इसलिए आप अपना परिवेश क्यों बदलते हैं? आप चाहें जिस वातावरण में हों, आपके प्रयास अभी से होने चाहिए, आपकी इच्छानुसार वातावरण कभी नहीं बदलेगा।

भाग्य एवं स्वतंत्र इच्छा

स्वतंत्र इच्छा एवं भाग्य का सदैव अस्तित्व रहता है। भाग्य पूर्व कर्मों का फल है। उसका संबंध शरीर से है। शरीर के लिए जो उपयुक्त है, उसे करने दें। आप इसके बारे में चिंता क्यों करते हैं? उस पर ध्यान क्यों देते हैं? स्वतंत्र इच्छा एवं भाग्य तब तक हैं, जब तक कि शरीर है, किंतु ज्ञान इन दोनों के पार है। आत्मा, ज्ञान एवं अज्ञान की सीमा के बाहर है। जो कुछ होता है वह स्वयं के पूर्व कर्मों, दैविक इच्छा एवं अन्य तथ्यों का परिणाम है।

भाग्य को जीतने या इससे स्वतंत्र होने के दो तरीके हैं। एक है कि मालूम करें कि भाग्य किसके लिए है तथा यह खोज करने पर पता चलता है कि केवल अहंकार भाग्य से बँधा है न कि आत्मा। अहंकार अस्तित्व रहित है।

अहंकार को मारने का दूसरा तरीका है—ईश्वर को समर्पित करना। अपनी असमर्थता अनुभव करते हुए सदा स्मरण रखना कि 'मैं' नहीं केवल परमात्मा का अस्तित्व है। मैं और मेरे के विचार को छोड़ते हुए अपने आपको

पूरी तरह से ईश्वर पर छोड़ देना कि उसकी जैसी इच्छा हो, करे। भाग्य को जीतने के लिए अहंकार का पूर्ण रूप से नष्ट होना आवश्यक है, आप इसकी प्राप्ति चाहे आत्म-विचार से करें या भक्ति मार्ग से।

ज्ञानी—ज्ञानी ने जीवित रहते हुए मुक्ति प्राप्त की। उसके लिए यह महत्त्वपूर्ण नहीं है कि वह कहाँ और कब शरीर छोड़ता है। कुछ ज्ञानी पीड़ा में दिखाई पड़ सकते हैं, अन्य समाधि में हो सकते हैं। कुछ मृत्यु के पूर्व ही दृश्य से विलुप्त हो सकते हैं, किंतु उनसे उनके ज्ञान पर कोई प्रभाव नहीं पड़ता है।

: 7 :

महर्षि की शिक्षाओं का मूल आत्म-विचार यानी आत्मबोध करने का प्रत्यक्ष मार्ग हमें स्वयं ईश्वर अथवा गुरु से पूर्ण श्रद्धा समर्पण के साथ जोड़ता है। व्यापक तौर पर श्री भगवान् हमें बताते हैं कि सत् चित् परमानंद का अनश्वर रूप पहले से ही हमें विरासत में मिला है। मुश्किल यह है कि हम अपने प्राकृतिक रूप यानी स्वयंभाव को पहचान नहीं पाते, क्योंकि हमारे अहंकारी मन की गुप्त प्रवृत्तियाँ उस पर परदा डाल देती हैं और एक आईने की तरह हमें इस स्वप्न रूपी संसार, शरीर और मन का दर्शन कराती हैं। अपने वास्तविक स्वरूप के साक्षात्कार में असफल होने का मूल कारण शरीर और मन से हमारा असत्य परिचय है। अपने आध्यात्मिक हृदय में ईश्वर या सद्गुरु के प्रति अहंकारी मन का समर्पण, आत्म-विचार की दृढ़ता और भक्ति से यह धुँधलापन और एकीकरण हमेशा के लिए तब विलुप्त हो जाता है जब हमें अनश्वर आत्मबोध होता है। ब्रह्म की आधारभूत अनुभूति से वास्तविक संसार दिखने लगता है और इसे चेतना की पूर्ण शक्ति के रूप में जाना जाता है। उनके अनुसार—

प्र. सत्य क्या है?

उ. सत्य हमेशा रहता है। वह नाम-रूप रहित है, फिर भी नाम-रूप का आधार है। स्वयं अनंत होते हुए भी वह सब सीमाओं का आश्रय है। वह बद्ध नहीं है, और स्वयं सत्य होते हुए, सब मिथ्या पदार्थों का आधार है। सत्य वह

है जो है। वह जैसा है वैसा ही है। वह वाणी से परे है। वह सत्, असत् इत्यादि शब्दों से व्यक्त होनेवाले खयालों से परे है।

आत्मा वह सत्य है, जो पदार्थ विषयक ज्ञान के साथ अज्ञान के नष्ट होने पर शेष रहनेवाला चेतन स्वरूप है। उस ब्रह्मस्वरूप आत्मचैतन्य में अज्ञान नहीं है अर्थात् पूर्ण ज्ञान स्वरूप ब्रह्म की सत्ता में अज्ञान अंधकार लेशमात्र नहीं है।

वह अशरीर, शोकरहित सत्ता, जो जगत् के रहने पर ही नहीं, बल्कि उसके अभाव के समय में भी निरंतर प्रकाशित होती रहती है, वह तुम्हारा सच्चा आत्मस्वरूप है।

जो अंदर, बाहर, चिदानंद रूप में समान रूप से प्रकाशित होता रहता है, वह परमानंद सत्य है। मौन ही उसका स्वरूप है तथा सब ज्ञानीजन उसी को अखंड ज्ञान की अवस्था कहते हैं।

समझ लो कि ज्ञान ही वैराग्य और विशुद्धि है। ज्ञान ईश्वर युज्य है। वह ज्ञान, जिसमें आत्मा की कभी भी विस्मृति नहीं है, अमृतत्व है। ज्ञान सबकुछ है।

प्र. यह नित्य चेतना क्या है? कोई इसे कैसे पा सकता है तथा विकसित कर सकता है?

उ. आप वह नित्य चेतना हैं। नित्य चेतना आपका दूसरा नाम है। चूँकि आप ही चैतन्य हो, उसे पाने की तथा विकसित करने की आवश्यकता नहीं है। आपको केवल अनात्म पदार्थ विषयक चेतना का त्याग करना है। यदि अनाम वस्तु विषयक चेतना का त्याग करें तो केवल शुद्ध चेतना शेष रहती है और वही आत्मा है।

प्र. यदि चेतन ही आत्मा है, तो मैं इस समय क्यों उसके विषय में सभान नहीं हूँ?

उ. द्वैत नहीं है, आपका वर्तमान ज्ञान अहंकार के कारण है। वह सापेक्ष ज्ञान है, जिसमें द्रष्टा एवं दृश्य की आवश्यकता होती है। आत्मा की चेतना पूर्ण है, उसमें ज्ञेयवस्तु या दृश्य की आवश्यकता नहीं है। इस प्रकार स्मृति

भी सापेक्ष है, जिसमें स्मरण करनेवाले की तथा स्मरण करने योग्य वस्तु की आवश्यकता होती है। लेकिन जहाँ द्वैत नहीं है, तो कौन किसका स्मरण करे?

आत्मा हमेशा विद्यमान है। प्रत्येक आत्मा को जानना चाहता है। अपने आपको जानने के लिए किस प्रकार सहायता अपेक्षित है? लोग आत्मा को किसी नवीन पदार्थ की तरह देखना चाहते हैं, किंतु वह सनातन है और सदैव एक समान रहता है। वे उसे जाज्वल्यमान प्रकाश इत्यादि रूपों में देखना चाहते हैं। ऐसा कैसे हो सकता है? वह न प्रकाश है, न अंधकार। वह जैसा है वैसा है। उसकी व्याख्या नहीं हो सकती। उसकी सर्वश्रेष्ठ व्याख्या 'मैं हूँ वह मैं हूँ' है। श्रुतियाँ कहती हैं कि वह अँगूठे के परिमाण का है, केश के अग्रभाग जितना है, बिजली की क्षणिक चमक जैसा है, बड़े से बड़ा, सूक्ष्म से सूक्ष्म है इत्यादि; लेकिन ये सारे वर्णन निराधार हैं। वह सत्य है, लेकिन सत्, असत् से विलक्षण है। वह ज्ञान है, किंतु ज्ञान तथा अज्ञान से भिन्न है। उसकी व्याख्या हो ही कैसे सकती है? वह केवल शुद्ध सत्ता है।

प्र. जब मनुष्य आत्म-साक्षात्कार करता है, तो वह क्या देखता है?

उ. वहाँ कुछ देखना नहीं है। देखना केवल होना है, जिसे हम आत्म-साक्षात्कार कहते हैं, उसमें कुछ नया प्राप्त नहीं करना है या दूर स्थित ध्येय को प्राप्त नहीं करना है, किंतु केवल वह होना है जो आप हमेशा हैं और हमेशा थे। करना सिर्फ इतना है कि असत्य को सत्य मानना छोड़ दिया जाए। हम सब असत्य को सत्य समझ बैठे हैं। हमें केवल इस आदत को छोड़ना है। तब हम आत्मा को आत्मा के रूप में जानेंगे। दूसरे शब्दों में 'आत्मा बनिए'। एक समय आएगा जब आप अपने आप पर हँसेंगे कि आप नित्य प्रकट आत्मा को खोजने का प्रयत्न कर रहे थे। इसलिए इस प्रश्न का क्या उत्तर दिया जाए?

वह भूमिका द्रष्टा-दृश्य से परे है। वहाँ किसी पदार्थ को देखनेवाला है ही नहीं। जो इस समय इन सब पदार्थों को देखता है, उसका अस्तित्व समाप्त हो जाता है, तब केवल आत्मा ही शेष रहती है।

प्र. इसे सीधे अनुभव से कैसे जाना जा सकता है?

उ. यदि हम आत्मा को जानने की बात स्वीकार करते हैं, तो अवश्य दो

आत्मा होनी चाहिए। एक जाननेवाले की आत्मा तथा दूसरी ज्ञेय आत्मा, एवं जानने की प्रक्रिया को भी स्वीकार करना पड़ेगा। जिसे हम आत्म-साक्षात्कार कहते हैं, उसमें हम जो हैं, वही रहते हैं, इसमें कुछ जानना या बनना नहीं होता है। यदि किसी ने साक्षात्कार किया है, तो यह केवल वही होता है, जिसकी सत्ता है, और हमेशा से है। कोई भी इस अवस्था का वर्णन नहीं कर सकता, सिर्फ हो सकता है। शब्द दरिद्रता के कारण हम शिथिलतापूर्वक आत्म-साक्षात्कार शब्द का प्रयोग करते हैं, किंतु जो हमेशा सत्य है, उसे सत्य कैसे बनाया जा सकता है?

प्र. आप प्रायः कहते हैं कि आत्मा मौन है, ऐसा क्यों?

उ. जो लोग आत्मा के निर्विकल्प सौंदर्य में जीते हैं, उनके लिए कुछ भी सोचने योग्य नहीं है। जिसमें दृढ़ निष्ठापूर्वक रहना होता है, वह केवल मौन अनुभव है, क्योंकि उस सर्वोच्च अवस्था में अपनी आत्म से भिन्न किसी प्राप्य वस्तु का अस्तित्व नहीं है।

प्र. मौन क्या है?

उ. मौन वाणी तथा विचार से परे की अवस्था है। जो है वह मौन है। मौन का वर्णन शब्दों में कैसे किया जा सकता है? ज्ञानी पुरुष कहते हैं कि वह अवस्था, जिसमें अहंकार का उदय कभी नहीं होता, वही आत्म स्वरूप है और वही मौन है। मौन आत्मा ईश्वर है, आत्मा ही जीव है तथा आत्मा ही यह पुराना जगत् है। दूसरे सारे ज्ञान तुच्छ और क्षुद्र हैं, मौन अनुभव ही सच्चा, पूर्ण ज्ञान है। समझिए कि वस्तुगत वैविध्य सत्य नहीं है, वह सिर्फ सत्य ज्ञान स्वरूप आत्मा पर आरोपित है।

प्र. चूँकि असंख्य शरीर तथा उन्हें जीवित रखनेवाली असंख्य आत्माएँ भी सर्वत्र विद्यमान हैं और वस्तुतः दीखता भी ऐसा ही है, तो आत्मा एक ही है, ऐसा कैसे कहा जा सकता है?

उ. यदि 'मैं शरीर हूँ' यह विचार सत्य माना जाए तो आत्मा असंख्य हैं, लेकिन जिस अवस्था में यह विचार नष्ट होता है, उसे ही आत्मा कहा जाता है, तथा उसमें किसी अन्य वस्तु का अस्तित्व नहीं है, इसलिए आत्मा केवल

एक ही है, ऐसा कहा जाता है।

माया से मोहित हुए आत्माभासरूप मन की दृष्टि में ही देह का अस्तित्व है, सच्चे आत्मा की स्वाभाविक दृष्टि में नहीं, इसलिए चिदाकाशरूप आत्मा को देह कहना गलत है।

देह के सिवा जगत् नहीं, मन के सिवा देह नहीं, चेतना के सिवा मन नहीं, और सद्वस्तु के सिवा चेतना का अस्तित्व नहीं है।

जिसने अपने भीतर डूबकर आत्मा को जान लिया है, ऐसे ज्ञानी के लिए आत्मा से भिन्न कोई ज्ञेय नहीं है, क्योंकि जो अहंकार स्वयं को देह से एकरूप समझता है, वह नष्ट हो गया है, इसलिए वह निराकार सत्-चित स्वरूप है।

ज्ञानी जानता है कि वह आत्मा है और आत्मा के सिवा देह या अन्य कोई वस्तु नहीं है। ऐसे ज्ञानी के लिए देह के रहने या न रहने से क्या फर्क पड़ता है?

साक्षात्कार के विषय में बात करना गलत है। किसका साक्षात्कार करना है? जो सत्य है, वह हमेशा वैसा ही रहता है। हम किसी नई चीज को उत्पन्न नहीं करते, न ही कोई चीज प्राप्त करते हैं, जो पहले हमारे पास नहीं थी। इस बात को धर्मग्रंथों में दृष्टांत देकर इस प्रकार समझाया गया है—हम पृथ्वी को खोदकर कुँओं को बनाते हुए गड्ढा बनाते हैं। गड्ढे या कुएँ के अवकाश को हमने उत्पन्न नहीं किया है। हमने सिर्फ उस अवकाश को रोकनेवाली मिट्टी को हटाया है। अवकाश वहाँ तब भी था और अब भी है। इसी प्रकार हमें केवल हममें रहे युग-युगीन संस्कारों को हटाना है। उनके हटने पर केवल आत्मा प्रकाशित होगी।

प्र. लेकिन यह कैसे किया जाए, जिससे मुक्ति प्राप्त हो?

उ. मुक्ति हमारा स्वरूप है। मुक्ति की इच्छा यह सिद्ध करती है कि बंधन से मुक्त रहना हमारा स्वभाव है। उसे नए सिरे से प्राप्त नहीं करना है। जो हमें करना है वह केवल यही सिद्ध करना है कि हम बुद्ध हैं, ऐसी गलत धारणा का त्याग करना है। जब हम ऐसा करेंगे तो किसी की इच्छा या विचार

नहीं रहेंगे। जब तक कोई मुक्ति की इच्छा करता है तो समझना चाहिए कि वह बुद्ध है।

प्र. चेतना की ये तीन अवस्थाएँ सत्य के स्तरों की दृष्टि से तुरीय से कितनी कम मूल्यवाली हैं? इसका तुरीय से क्या संबंध है?

उ. सत्ता या चेतना की केवल एक अवस्था है। जाग्रत्, स्वप्न और सुषुप्ति—ये तीनों अवस्थाएँ सच्ची नहीं हैं। वे आती-जाती हैं। सत्य का अस्तित्व हमेशा होता है। वह अहम् रूप शुद्ध सत्ता, जो तीनों अवस्थाओं में रहती है, सत्य है। तीन अवस्थाएँ सत्य नहीं है, इसलिए सत्य की दृष्टि से उनकी कितनी मूल्यवत्ता है, यह कहना संभव नहीं है। इस तथ्य को हम मोटे तौर पर इस प्रकार प्रस्तुत कर सकते हैं—केवल सत्ता या चेतना सत्य है। चेतना तथा जाग्रत् को मिलाकर हम जाग्रत् कहते हैं, चेतना तथा स्वप्न को जोड़कर हम स्वप्न कहते हैं एवं चेतना तथा निद्रा को जोड़कर निद्रा कहते हैं। चेतना परदा है, जिस पर सब चित्र आते-जाते हैं। परदा सत्य है। चित्र परदे पर दिखनेवाली छायामात्र है।

दीर्घकालीन आदत के कारण हम इन तीनों अवस्थाओं को सत्य मानते हैं, इसलिए चेतना की मूल अवस्था को चौथी अवस्था कहते हैं। वस्तुतः चौथी अवस्था है ही नहीं, केवल एक ही अवस्था है।

स्वप्न और जाग्रत् में कोई अंतर नहीं है, सिवा इसके कि स्वप्न अल्पकालीन है और जाग्रत् दीर्घकालीन। दोनों मन के परिणाम हैं। चूँकि जाग्रत् अवस्था लंबी है, हम सोचते हैं कि वह हमारी सच्ची अवस्था है, लेकिन वास्तव में हमारी सच्ची अवस्था तुरीय है, जो हमेशा एक-सी रहती है और जाग्रत्, स्वप्न तथा सुषुप्ति के बारे में कुछ नहीं जानती। चूँकि हम इन तीनों को अवस्था कहते हैं, तुरीय को भी अवस्था कहते हैं, किंतु वह अवस्था नहीं है, आत्मा का सहज स्वरूप है। जब हम इस तथ्य को जान लेते हैं, तब हमें पता लगता है कि वह तुरीय या चौथी अवस्था नहीं है, क्योंकि तीन की अपेक्षा से ही चौथी कहा जाता है, जबकि आत्मा सदा एकरूप है, इसलिए तुरीयातीत अथवा परम स्थिति का ही अस्तित्व है।

प्र. लेकिन आत्मा के परदे पर या परम स्थिति में ये तीन अवस्थाएँ क्यों आती-जाती रहती हैं?

उ. कौन यह प्रश्न पूछता है? क्या आत्मा यह कहती है कि ये तीनों अवस्थाएँ आती-जाती रहती हैं? यह तो द्रष्टा है जो कहता है कि ये आती-जाती हैं। द्रष्टा और दृश्य मिलकर मन बनता है। ढूँढ़िए कि मन जैसी कोई वस्तु है या नहीं। इस प्रकार अन्वेषण करने पर मन आत्मा में लीन हो जाता है, और तब न द्रष्टा रहता है न दृश्य। अत: आपके प्रश्न का सही उत्तर यह है कि वे न आती हैं, न जाती हैं। आत्मा जैसी है वैसी ही सदैव रहती हैं, अन्वेषण के अभाव के कारण ये तीनों अवस्थाएँ अस्तित्व में आती हैं, अत: अनुसंधान से उनका अंत होता है। कोई कितना ही समझाए, यह सत्य तब तक स्पष्ट नहीं होता जब तक मनुष्य स्वयं आत्म साक्षात्कार नहीं कर लेता। एक बार साक्षात्कार हो जाए, तो उसे आश्चर्य होता है कि वह अब तक इस स्वयंसिद्ध तथा केवल सत्ता के प्रति अंध कैसे बना रहा।

प्र. मन और आत्मा में क्या भेद है?

उ. कोई भेद नहीं। अंतर्मुख मन आत्मा है और यही मन बहिर्मुख बनकर अहंकार तथा जगत् बन जाता है। रुई से बने विविध वस्त्र विभिन्न नामों से जाने जाते हैं। सोने से जब विविध अलंकार बनते हैं, तब अनेक नामों से जाने जाते हैं, लेकिन सब वस्त्र रुई हैं और सब अलंकार सोना हैं। सत् एक है, उसके नाम-रूप अनेक हैं। लेकिन मन का आत्मा से अलग अस्तित्व नहीं है, अर्थात् उसका स्वतंत्र अस्तित्व नहीं है। मन के बिना आत्मा का अस्तित्व हो सकता है, आत्मा के बिना मन का नहीं।

प्र. ब्रह्म सच्चिदानंद कहा जाता है, उसका क्या अर्थ है?

उ. हाँ, यह ठीक है। जो है वह केवल सत् है, उसे ब्रह्म कहते हैं। सत् की प्रभा चित है तथा उसका स्वभाव आनंद है। ये सत् से भिन्न नहीं हैं। तीनों मिलकर एक सच्चिदानंद रूप बनता है।

प्र. इसका यह अर्थ है कि यद्यपि सबकी जाग्रत्, स्वप्न, सुषुप्ति—ये तीनों अवस्थाएँ होती हैं, लेकिन उनका उन पर कोई असर नहीं होता?

उ. हाँ, यह बिलकुल सही है। ये अवस्थाएँ आती हैं और चली जाती

हैं। आत्मा जरा भी चिंतित नहीं होती, उसकी केवल एक अवस्था होती है।

प्र. अर्थात् मनुष्य इस जगत् में केवल साक्षी है?

उ. ऐसा ही है। इसी तथ्य को समझाने के लिए विद्यारण्य ने 'पंचदशी' के दसवें अध्याय में नाट्यगृह के दीप का उदाहरण दिया है। नाटक शुरू होता है तो वहाँ एक दीप होता है, जो बिना किसी भेदभाव के राजा, सेवक, नर्तक इत्यादि अभिनेताओं एवं दर्शकों को प्रकाशित करता है। यह दीप नाटक आरंभ होने से पहले, नाटक के दौरान एवं उसके समाप्त होने पर भी जलता रहता है। इसी प्रकार भीतर का प्रकाश–आत्मा अहंकार को, बुद्धि को, स्मृति को तथा मन को स्वयं वृद्धि या क्षय को प्राप्त हुए बिना, प्रकाश देता है। निद्रा में एवं उसके समान मोर्चा इत्यादि अवस्थाओं में अहम् का अनुभव नहीं होता, तब भी आत्मा निरूपाधिक स्वरूप में अपने आप प्रकाशित होता रहता है।

वस्तुतः आत्मा साक्षी है, यह भी मन का विचार मात्र है, आत्मा का पूर्ण सत्य नहीं है। साक्षी होना साक्ष्य पदार्थों की अपेक्षा रखता है। साक्षी एवं उसके साक्ष्य पदार्थ दोनों मन की कल्पना हैं।

प्र. आत्मा सत्ता और चैतन्य है, तो वह सत् असत् से भिन्न तथा चेतन अचेतन से भिन्न हैं, ऐसा क्यों कहा जाता है?

उ. आत्मा सत्य है, लेकिन चूँकि वह सर्वरूप है, उसकी सत्यता के बारे में द्वैत मूलक प्रश्नों का अवकाश नहीं, अतः उसे सत्, असत् से भिन्न कहा जाता है। इस प्रकार यद्यपि वह चैतन्य है, चूँकि उसके लिए कुछ ज्ञेय नहीं है अथवा वह स्वयं किसी का ज्ञेय नहीं है, उसे चेतन, अचेतन से भिन्न कहा जाता है। सच्चिदानंद कहने से यह लक्षित होता है कि वह परम सत्ता असत् नहीं है, अर्थात् सत् से भिन्न नहीं है, अचित नहीं है अर्थात् चैतन्य से भिन्न नहीं है एवं निरानंद नहीं है, अर्थात् आनंद से भिन्न नहीं है। चूँकि हम मायामय प्रतिभासिक जगत् में हैं, हम आत्मा को सच्चिदानंद कहते हैं।

प्र. किस अर्थ में सुख या आनंद हमारा सच्चा स्वरूप है?

उ. पूर्ण आनंद ब्रह्म है। पूर्ण शांति आत्मा है। केवल उसका अस्तित्व है

तथा वही चैतन्य है। जिसे आनंद कहते हैं, वह आत्मा का स्वभाव है। आत्मा परमानंद से भिन्न नहीं है। जिसे सुख कहा जाता है उसी का अस्तित्व है। इस सत्य को ठीक समझकर एवं आत्मा की सहज अवस्था में रहकर सनातन सुख का अनुभव कीजिए। मनुष्य यह सोचता है कि उसका सुख बाह्य कारणों और पदार्थों के स्वामित्व से उत्पन्न होता है, तो यह निर्णय करना तर्कसंगत होगा कि उन पदार्थों की वृद्धि से उसका सुख बढ़ना चाहिए, और उनके कम होने से सुख घटना चाहिए, इसलिए जब उसके पास कुछ भी नहीं, तो उसका सुख पूर्णरूप से समाप्त हो जाना चाहिए। लेकिन मनुष्य का वास्तविक अनुभव क्या है? क्या वह इस निर्णय के अनुरूप है?

गहरी नींद में मनुष्य के पास कुछ नहीं होता, शरीर भी नहीं होता, तब दुःखी होने के बदले वह पूर्णरूप से सुखी होता है। प्रत्येक मनुष्य गाढ़ी निद्रा चाहता है।

उपदेश सार-ग्रंथ परिचय

उपदेश सार श्री रमण महर्षि द्वारा रचित वेदांत का बहुत संक्षिप्त और सारगर्भित प्रकरण ग्रंथ है। इस ग्रंथ में कर्म के क्षेत्र से यात्रा का आरंभ करते हुए ज्ञान की परम अवस्था में कैसे जाया जा सकता है, उस विषय पर महर्षिजी ने अपने शास्त्रसम्मत विचार दिए हैं। अहं का नाश होने पर ही मनुष्य उस परम की अवस्था को प्राप्त कर सकता है। इस अहं के (जीव भाव के) मिथ्यात्व को जानकर उससे परे जाना ही सबसे महान् तपस्या है। ज्ञान की अवस्था में जाने के लिए वेदांत विचार के अलावा मन को पात्र बनाने की आवश्यकता होती है, उसके लिए विविध प्रकार की साधनाएँ आचार्यों ने प्रदान की हैं। प्रत्येक साधना का कुछ महत्त्वपूर्ण स्थान होता है, साथ ही उसकी कुछ सीमाएँ भी हुआ करती हैं। इस विषय पर भी महर्षिजी ने संक्षिप्त तथा स्पष्ट भाषा में प्रतिपादन किया है। तीस श्लोकों में ग्रथित इस ग्रंथ की रचना किसी विशेष परिस्थिति में हुई थी। इस ग्रंथ की रचना की प्रेरणा जगानेवाली शिव पुराण के अंतर्गत ही बहुत सुंदर कथा है। शिव पुराण

में प्रसंग आता है कि एक समय दारुकावन में कुछ ऋषि लोग निवास करते थे। उन लोगों ने अनेक यज्ञ, उपदेश सार, योगादि का सुंदर रूप से अनुष्ठान करके अनेक सिद्धियाँ प्राप्त की थीं। अब उसी कर्मकांड का आश्रय लेकर मोक्ष रूपी सिद्धि को पाना चाहते थे। यह उन लोगों की एक बहुत बड़ी भूल थी, क्योंकि कर्म के माध्यम से मोक्ष रूपी नैष्कर्म्य की अवस्था प्राप्त नहीं हो सकती है। उन लोगों की कर्म के प्रति अद्‌भुत निष्ठा को देखकर शिवजी करुणा से द्रवित हो गए और उन्होंने उन लोगों को इस तथ्य से अवगत कराते हुए उचित ज्ञान देने का संकल्प किया। इस कार्य के लिए वे एक युवा ब्राह्मण के रूप में प्रगट हुए और सभी ऋषि पत्नियों से भिक्षा माँगते हुए उन लोगों को सम्मोहित कर दिया। उनके वशीभूत होकर सभी स्त्रियाँ उनके पीछे-पीछे चलने लगीं तब भगवान् विष्णु एक सुंदर युवती का रूप धरकर ऋषियों के समक्ष प्रगट हुए और उन सबको मोहित कर दिया। इससे वे अपने कर्म से विचलित होकर उनके पीछे भ्रमित हो गए। जब ऋषियों को पुनः भान हुआ तब देखा कि उनकी पत्नियाँ उस युवा ब्राह्मण के पीछे चल पड़ी हैं। यह देख वे अत्यंत क्रोधित हो गए और उनके सामने अपनी सिद्धियों का प्रयोग करते हुए बाघ उत्पन्न कर दिया, जिसे शिवजी ने आसानी से मार दिया। तब उन ऋषियों ने सिद्धि से प्राप्त अनेक अस्त्र-शस्त्रों का प्रयोग किया, पर वे सब शिवजी से परास्त हो गए। यह देख उन सब में यह निश्चय उत्पन्न हो गया कि यह कोई साधारण ब्राह्मण नहीं है, किंतु इस वेश में कोई शक्तिशाली देवता है। अतः वे उनके प्रति शरणागत होकर उन्हें वास्तविक रूप में प्रगट होने के लिए निवेदन करने लगे। तब शिवजी ने अपने वास्तविक रूप में उन सबको दर्शन देकर उन्हें ज्ञान का उपदेश दिया। तमिल कवि मुरुगनार शिव पुराण पर एक काव्य लिख रहे थे। यह प्रसंग आने पर वे संशयग्रस्त होकर सोचने लगे कि शिवजी ने उन ऋषियों को जो उपदेश दिया, उस उपदेश का क्या स्वरूप होगा! जब वे कुछ भी नहीं समझ पाए तब श्री महर्षिजी के पास आकर अपना संशय रखा। उसके उत्तर में महर्षिजी ने यह तीस श्लोक में ग्रथित उपदेश दिया। मूल रूप से यह तमिल भाषा में है, किंतु बाद में तमिल कवि गणपति मुनि ने उसका संस्कृत में अनुवाद किया।

श्लोक 1. कर्तुराज्ञया प्राप्यते फलम्।
कर्म किं परं कर्म तज्जडम्॥

2. कृतिमहोदधौ पतन कारणम्।
फलमशाश्वतम् गति निरोधकम्॥

3. ईश्वरार्पितं नेच्छया कृतम्।
चित्तशोधकं मुक्तिसाधकम्॥

4. कायवाङ्मनः कार्यमुत्तमम्।
पूजनं जपश्चिन्तनं क्रमात्॥

5. जगत् ईशधीयुक्तसेवनम्।
अष्टमूर्तिभृद्देवपूजनम्॥

6. उत्तमस्तवादु उच्चमन्दतः।
चित्तजं जपध्यानमुत्तमम्॥

7. आज्यधारया स्त्रोतसा समम्।
सरलचिन्तनं विरलतः परम्॥

8. भेदभावनात् सोऽहमित्यसौ।
भावनोऽभिदा पावनी मता॥

9. भावशून्यसद्भावसुस्थितिः।
भावनाबलाद् भक्तिरुत्तमा॥

10. हृत्स्थले मनः स्वस्थता क्रिया।
भक्तियोगबोधाश्च निश्चितम्॥

11. वायुरोधनाल्लीयते मनः।
जालपक्षिवद्रोध साधनम्॥

12. चित्तवायवश्चित्क्रियायुताः।
शाखयोर्द्वयी शक्तिमूलका।।

13. लयविनाशने उभयरोधने।
लयगतं पुनर्भवति नो मृतम्॥

14. प्राणबन्धनाल्लीनमानसम्।
एक चिन्तनान्नाशमेत्यदः॥

15. नष्टमानसोत्कृष्ट योगिनः।
कृत्यमस्ति किं स्वस्थितिं यतः॥

16. दृश्यवारितं चित्तमात्मनः।
चित्वदर्शनं तत्त्वदर्शनम्॥

17. मानसं तु किं मार्गणे कृते।
नैव मानसं मार्ग आर्जवात्॥

18. वृत्तयस्त्वहं वृत्तिमाश्रिताः।
वृत्तयो मनो विद्ध्यहं मनः॥

19. अहमयं कुतो भवति चिन्वतः।
अयि पतत्यहं निजविचारणम्॥

20. अहमि नाशभाज्यहमहंतया।
स्फुरति हृत्स्वयं परमपूर्णसत्॥

21. इदमहंपदभिऽख्यमन्वहम्।
अहमिलीनकेऽप्यलयसत्तया॥

22. विग्रहेन्द्रिय प्राणधीतमः।
नाहमेकसत् तज्जडं ह्यसत्॥

23. सत्त्वभासिका चित्क्व वेतरा।
सत्तया हि चिच्चित्तया ह्यहम्॥

24. ईशजीवयोर्वेषधीभिदा।
सत्स्वभावतो वस्तु केवलम्॥

25. वेष्हानतः स्वात्मदर्शनम्।
ईशदर्शनम् स्वात्मरूपतः॥

26. आत्मसंस्थितिः स्वात्मदर्शनम्।
आत्मनिर्द्वयादात्मनिष्ठता॥

27. ज्ञानवर्जिताऽज्ञानहीन चित्।
ज्ञानमस्ति किं ज्ञातुमन्तरम्॥

28. किं स्वरूपमित्यात्मदर्शने।
अव्ययाभवाऽऽपूर्णचित्सुखम्॥

29. बन्धमुक्त्यतीतं परं सुखम्।
विन्दतीह जीवस्तु दैविकः॥

30. अहमपेतकं निजविभानकम्।
महदिदं तपो रमणवागियम्॥

□

ग्रंथ व्याख्या

श्लोक-1

संगति—महर्षिजी शिव पुराण में प्राप्त प्रसंग के अनुसार उन तपस्वी ब्राह्मणों को निमित्त बनाकर चर्चा आरंभ करते हैं। वे सभी लोग कर्म के प्रति तथा उनसे प्राप्त सिद्धियों के विषय में अत्यंत आसक्त थे। अतः प्रथम तीन श्लोकों में कर्म के रहस्य और उसकी सीमाएँ तथा उनके सकारात्मक पहलू के बारे में क्रमशः अवगत कराते हैं। सर्व प्रथम श्लोक, कर्म की सीमाओं का प्रतिपादन करता है—

कर्तुराज्ञया प्राप्यते फलम्।
कर्म किं परं कर्म तज्जडम्॥

अन्वयार्थ—कर्तुः-कर्ता की, आज्ञया-आज्ञा से, फलम्-कर्मफल की, प्राप्यते-प्राप्ति होती है। किं-क्या, कर्म-कर्म, परं-श्रेष्ठ है, तत्-वह, कर्म-कर्म, जडम्-जड़ है।

श्लोकार्थ—जगत्कर्ता की आज्ञा से (नियमानुसार) कर्मफल प्राप्त होता है। क्या कर्म सर्वश्रेष्ठ है? नहीं, वह कर्म जड़ है।

व्याख्या—जीव स्वयं को कर्ता-भोक्ता मानता है। अतः उसकी यात्रा कर्म के क्षेत्र से ही आरंभ होती है, किंतु यह एक विडंबना है कि जीव को अनेक बार कर्म बंधनकारी लगता है, लेकिन वह स्वयं को कर्म से विरत भी नहीं कर सकता है। कई बार जब हम कर्म में प्रवृत्त होते हैं, तो मन में

चिंता और अशांति का अनुभव होता है, तथा कभी-कभी कर्म बोझ भी लगता है कि हमने जिस दिशा को पकड़ा है, उससे हम सुलझने के बजाय और उलझते जा रहे हैं। अत: विचार करने की आवश्यकता है कि जिन कर्म रूपी साधन का हमने चयन किया है, क्या वह उचित है अथवा उसके प्रति हमारी दृष्टि सही है, अथवा कुछ मोह से युक्त है। इस विषय में हमारा अपने बारे में तथा कर्म के बारे में मोह दिखाई देता है। अपने बारे में यह मोह है कि हम कर्म के द्वारा परिस्थिति के निर्माता हैं तथा कर्म से उत्पन्न फल हमें तृप्त करनेवाला है। ये दोनों ही मोह मन में अशांति और विक्षेप लाते हैं। जब हम अपने आपको ही मात्र कर्मफल के लिए जिम्मेदार समझते हैं, तब स्वाभाविक ही उसका समस्त बोझ हमारे ही सिर पर आ जाता है। दूसरा, कर्म के प्रति यह मोह भी जब विद्यमान है कि इस कर्मफल के ऊपर ही हमारे पूर्ण सुख और सुरक्षा निर्भर हैं, तब हम उसकी प्राप्ति के विषय में चिंताग्रस्त और संशयग्रस्त होकर अशांति का अनुभव करते हैं। इतना ही नहीं, जब कर्म का फल हमारे लिए इतना महत्त्वपूर्ण है तो हमारा पूरा ध्यान उसकी तरफ अर्थात् भविष्य में ही लगा रहता है। ऐसे में कर्म करते समय के वर्तमान क्षण हमारे लिए बोझ रूप बन जाते हैं और हम भविष्य पर ही अपनी निगाहें गाड़े रहते हैं। जब कर्म में पूरा ध्यान नहीं लगा पाते हैं, तो कर्मफल भी प्रभावित होता ही है। अत: कर्म के उपरांत पश्चात्ताप होता है एवं ये दोनों प्रकार के मोह मन को अशांत और चिंताग्रस्त करते हैं। सर्वप्रथम अपने बारे में मोह को दूर करने के लिए महर्षिजी बताते हैं कि 'कर्तुराज्ञया प्राप्यते फलम्'। कर्ता अर्थात् जगदीश्वर की इच्छा से ही कर्मफल की हमें प्राप्ति होती है। किसी भी कर्मफल के उत्पन्न होने में पूरे ब्रह्मांड के अनंत तत्त्वों का योगदान होता है। इन सबको नियंत्रित करनेवाले जो नियंता हैं, वे ईश्वर हैं एवं कर्मफल ईश्वर ही देनेवाले हैं। हम तो कर्म और कर्मफल के अनंत निमित्तों में से एक निमित्त हैं। महर्षिजी कर्मफल के विषय में हमारा मोह भंग करते हुए कहते हैं कि 'कर्म किं परम कर्म तज्जडम'। यह विचार करो कि 'क्या कर्म ही श्रेष्ठ है', कर्म एक काल विषय में उत्पन्न होकर नष्ट हो जाता है। हम परम सुख

और तृप्ति पाना चाहते हैं। यह नाशवान कर्म क्या कालातीत शाश्वत सुख को प्राप्त कराने में समर्थ है? यदि इस पर विचार करके देखें तो यह बात निश्चित हो जाती है कि कर्म से वह हमें कभी भी प्राप्त नहीं हो सकता है। अत: जो भी हमें प्राप्त हो रहा है, उसमें जगदीश्वर की कृपा का अनुभव करें तथा प्रत्येक कर्म को उनकी सेवा के लिए समर्पित करें। हमारे कर्म हमारी प्रेम की अभिव्यक्ति का हेतु बनें तथा कर्म के द्वारा परम सुख की अपेक्षा को त्यागें।

श्लोक-2

संगति—उपदेश सार ग्रंथ का श्रीगणेश करते हुए महर्षिजी ने कर्म और कर्ता के बारे में मोह के विषय में सही विवेक दिया। जीव की सामान्यत: यह मान्यता होती है कि वह कर्म के द्वारा सबकुछ पा लेने में समर्थ है। यहाँ तक कि कर्म में समस्त बंधनों से परे की परम अवस्था में जाने की सामर्थ्य की कल्पना करता है। इसके माध्यम से समस्त सीमाओं से परे एक पूर्णता की अवस्था है। महर्षिजी ने यह कहकर आँखें खोल दीं कि कर्म जड़ और नाशवान है। वह परम की प्राप्ति कैसे करा सकता है तथा अपने बारे में बताया कि ईश्वर ही सब के कर्ता-धर्ता हैं। उन्हीं से जगत् नियंत्रित हो रहा है एवं वे ही समस्त परिस्थितियों को देनेवाले कर्मफल-प्रदाता हैं। जो व्यक्ति इस पर विश्वास करके चलता है, वह मुक्ति के पथ पर आरूढ़ होता है। जो इसे नहीं स्वीकार करता है, उसके लिए यह पतन का कारण बन जाता है। आगे के श्लोक में अपने अविवेक के कारण होनेवाली हानि को महर्षिजी बताते हैं।

कृतिमहोदधौ पतन कारणम्।
फलमशाश्वतम् गति निरोधकम्॥

अन्वयार्थ—कृति महोदधौ-कर्म का महासागर, पतन-अधोगति, कारणम्-कारण, फलम् अशाश्वतम्-अशाश्वत फल, गति निरोधकम्-विकास का अवरोधक।

श्लोकार्थ—कर्म के महासागर में अशाश्वत फल वाला कर्म पतन का कारण बनता है तथा गति का अवरोधक है।

व्याख्या—सबके कर्ता-धर्ता एक मात्र ईश्वर ही हैं। कर्मफलदाता ईश्वर ही हैं, हर परिस्थिति उन्हीं की कृपा और व्यवस्था से प्राप्त होती है। ईश्वर ने उस परिस्थिति में प्रतिक्रिया के लिए न केवल सामर्थ्य प्रदान किया है, किंतु कर्म की स्वतंत्रता भी दी है। इस स्वतंत्रता से युक्त होकर ही हम कर्म में प्रवृत्त होते हैं, परंतु यह एक विडंबना है कि जब हम कर्म में प्रवृत्त होते हैं, तब तो स्वतंत्र होते हैं, किंतु धीमे-धीमे उससे सुलझने के बजाय उलझते जाते हैं। महर्षिजी इसकी एक महासागर से तुलना करते हैं। हम जन्म के साथ ही कर्म के इस महासमुद्र में आ पहुँचते हैं। पहले तो जैसे समुद्र के किनारे खड़े रहते हुए छोटी-मोटी लहरों से खेलने का बड़ा ही आनंद अनुभव होता है। वैसे ही कर्म के क्षेत्र में जब हमने प्रवेश किया होगा तो वह हमारे लिए आनंद और उत्साह का विषय रहा होगा, किंतु आज हम अपने आपको पाते हैं कि मानो एक भँवर में फँसे हुए हैं। हमारी अपने विषय में एक अपूर्णता की और दूसरी कर्म के फल के उत्पादक की धारणा है। अपूर्णता की धारणा की वजह से कर्म में सकामता से अपनी अपूर्णता की निवृत्ति के लिए प्रवृत्त होते हैं और साथ ही अपने आपको कर्मफल को उत्पन्न करनेवाला मान बैठते हैं। सकामता से किया हुआ कर्म, फल की प्राप्ति के साथ ही मन में अनुकूलता और प्रतिकूलता के परिप्रेक्ष्य में संस्कार व वासना पैदा करता है। यह वासना ऐसा अद्‌भुत प्रभाव डालती है कि जब हम पुनः वैसी परिस्थिति को प्राप्त करते हैं तो कर्म की स्वतंत्रता ही खो बैठते हैं, किंतु हम स्वेच्छा के बजाय वासना से ही प्रेरित होकर कर्म करते हैं एवं परिस्थिति हमसे करवाती है। हम समस्त सीमाओं और बंधनों से मुक्त होना चाहते थे, पर हमें और भी वासना के पराधीन होकर जीते हैं। हमारे मन की सूक्ष्मता और मनुष्यता खोने लगती है। हमारे भीतर विचारशीलता का अभाव ही पतन की दिशा में पहला कदम है। गीता में भगवान् कहते हैं कि 'बुद्धि नाशात्प्रणश्यति'। हम अपने आपको फल का उत्पादक मानते हैं, तो वहाँ पर भी सब बोझ अपने आप पर आ जाता

है। हम सफलता में अभिमान के तथा विफलता में असमर्थता के बोझों से दब जाते हैं। यहाँ कर्म के दोष दिखाते हुए महर्षिजी बताते हैं कि यदि कर्म के प्रति सही दृष्टि रखे बिना अविवेकयुक्त कर्म का आश्रय लिया जाए तो यह पतन का ही कारण बनता है। कर्म का फल अशाश्वत है। किसी काल विशेष में पैदा होता है और समाप्त हो जाता है। उसके ऊपर आश्रित होकर जीने से हमारी कहीं गति नहीं होती है, अपितु हम अनित्य के दायरे में ही घूमते रहते हैं। अत: न हम कहीं विकास की दिशा में और न ही सीमाओं से परे बंधन से मुक्ति की दिशा में यात्रा करते हैं। यह ही हमारी परम के लक्ष्य की दिशा में अवरोध का कारण बनता है।

श्लोक-3

संगति—पिछले श्लोक में देखा कि कर्म के प्रति सही दृष्टि रखे बिना अविवेकयुक्त कर्म का आश्रय लिया जाए तो यह पतन का ही कारण बनता है। कर्म का फल अशाश्वत है। किसी काल विशेष में पैदा होता है और समाप्त हो जाता है। उसके ऊपर आश्रित होकर जीने से हमारी कहीं गति नहीं होती है, अपितु हम अनित्य के दायरे में ही घूमते रहते हैं। अत: न हम कहीं विकास की दिशा में यात्रा करते हैं और न ही सीमाओं से परे बंधन से मुक्ति की दिशा में यात्रा करते हैं। यही हमारी परम के लक्ष्य की दिशा में अवरोध का कारण बनता है। एक ओर कर्म बंधनकारी भी है, दूसरी ओर कर्म को त्यागा भी नहीं जा सकता है। तो हमें क्या करना चाहिए? इस विषय में महर्षिजी आगे कर्म के बारे में सही दृष्टि से परिचय कराते हैं।

ईश्वरार्पितं नेच्छया कृतम्।
चित्तशोधकं मुक्तिसाधकम्॥

अन्वयार्थ—ईश्वरार्पितं-ईश्वर के प्रति समर्पित, न इच्छया-इच्छा से रहित, कृतम्-किया गया, चित्तशोधकम्-चित्तशुद्धि करनेवाला, मुक्ति साधकम्-मुक्ति का साधक है।

श्लोकार्थ—स्वार्थ रहित ईश्वर-अर्पण बुद्धि से किया गया कर्म चित्त शुद्ध करता है तथा मुक्ति का साधन बनता है।

व्याख्या—रमण महर्षिजी गीता में प्रतिपादित कर्मयोग की दृष्टि को ही सूत्र रूप से प्रकट कर रहे हैं। कर्म वस्तुत: बंधनकारी नहीं है, किंतु उसके संपादन में द्वंद्व के कारण ही वह बंधनकारी प्रतीत होता है। यह बात सत्य है कि हम कर्म का त्याग नहीं कर सकते हैं, किंतु कर्म के प्रति दृष्टि बदलने से यह ही कर्म हमारा सहायक हो जाता है। इस दृष्टि को महर्षिजी बताते हुए कहते हैं कि कर्म को 'नेच्छया कृतम्', अर्थात् स्वार्थवृत्ति से न करें, किंतु ईश्वरार्पण बुद्धि से कर्म करें। कर्म को स्वार्थ प्रेरित इच्छा से करने का अभिप्राय है कि कर्म के फल के प्रति दुराग्रह से युक्त होकर अपनी व्यक्तिगत अनुकूलता मात्र को प्रधानता देना। यह दुराग्रह तब होता है कि जब व्यक्ति कर्म के फल का उत्पादक स्वयं को ही मानकर तीव्र कर्तृत्व के अभिमान से युक्त होता है। ऐसे में कर्म करने के समय अशांति और बोझ बना रहता है। जब अपने अनुकूल फल की प्राप्ति होती है, तो अभिमान की वृद्धि और प्रतिकूलता में जीवन में निराशा होती है। कर्म के फल के प्रति ही अपने सुख आदि के लिए पूर्णतया आश्रित होने के कारण कर्म का फल मन में रागादि दोष को जन्म देता है। महर्षिजी कहते हैं कि प्रत्येक कर्म को ईश्वरार्पण बुद्धि से करें। ईश्वर ही जगत् के कर्ता-धर्ता हैं, वे ही कर्मफल प्रदाता हैं—सर्वप्रथम यह विश्वास होना चाहिए। जो निरपेक्ष भाव से सतत हमें जीवन प्रदान करने से लेकर विभिन्न परिस्थितियाँ प्रदान करते हुए कृपा बरसा रहे हैं। हम उनके प्रति अपनी कृतज्ञता को अभिव्यक्त करना चाहें तो एक ही तरीका है। वह है हमारे समस्त कर्म उनकी आज्ञा समझकर उनके प्रति सेवा के रूप में समर्पित हों। ईश्वरार्पण बुद्धि का अभिप्राय कर्म के प्रति और उसके परिणाम रूप प्राप्त कर्मफल के प्रति एक विशेष दृष्टि से युक्त होना है। वह दृष्टि है कि जो भी कर्म करें उसे प्रभु की आज्ञा समझ कर, प्रभु की सेवा की तरह करें। उसके लिए प्रभु की क्या आज्ञा है, यह समझना अत्यंत आवश्यक है। जब भी कोई परिस्थिति प्राप्त हो उस समय अपने व्यक्तिगत रागादि को किनारे

करते हुए परिस्थिति को देखा जाए, जो भी सब के हित में होता है, उसी का आश्रय लिया जाए , तो वह ही प्रभु इच्छा व आज्ञा होती है। इसमें स्वयं का भी कल्याण निहित है, ऐसा विश्वास होना चाहिए। जब इस प्रकार से प्रभु की आज्ञा को पहचानकर अपने समस्त कर्म उनकी खुशी के लिए किए जाते हैं, तो ये कर्म उनके प्रति समर्पित होते हैं। अत: इस कर्मों से प्राप्त फल उनका प्रसाद हो जाता है। उसमें न तो आग्रह-दुराग्रह और न ही रागादि का स्थान रह जाता है। वह साधक धीमे-धीमे रागादि दोषों से मुक्त होकर शुद्ध होने लगता है। परिस्थिति के प्राप्त होने पर मन के प्रतिक्रियात्मक स्वभाव पर अंकुश लगने लगता है और शांत मन से विचार करने में व्यक्ति समर्थ हो सकता है। वह भूत और भविष्य के ग्लानि और चिंतारूप दोषों से मुक्त होने लगता है। जो भी व्यक्ति परिस्थिति के प्राप्त होने पर शांत रहकर तटस्थतापूर्वक विचार करने में समर्थ हो पाता है, वह ही शास्त्रों का खुले मन से श्रवण करके उसका तात्पर्य निश्चय कर पाता है। अत: प्रत्येक कर्म को प्रभु की आज्ञा रूप जानकर उनकी ही सेवा में समर्पित कर देना चाहिए तथा कर्मफल के प्रति प्रसादबुद्धि रखनी चाहिए। यह ही कर्मयोग कहलाता है। प्रत्येक कर्म में उसका अवश्य समावेश होना चाहिए।

श्लोक-4

संगति—पिछले श्लोक में देखा कि कर्म के बंधन व संभावित द्वंद्व से बचने का एक मात्र तरीका है कि प्रत्येक कर्म को ईश्वर के चरणों में समर्पित किया जाए। अब प्रश्न यह होता है कि कर्मों के ईश्वर के चरणों में समर्पण का क्या स्वरूप होगा? इसका महर्षिजी आगे के श्लोक में समाधान करते हैं।

कायवाङ्मन: कार्यमुत्तमम्।
पूजनं जपश्चिन्तनं क्रमात्॥

अन्वयार्थ—काय-वाक्-मन:—शरीर, वाणी और मन के, पूजनम्-

पूजा, जपः-जप, चिंतनम्-चिंतन, क्रमात्-क्रम से, उत्तम कार्यम्-उत्तम कार्य है।

श्लोकार्थ—स्वार्थ रहित ईश्वर-अर्पण बुद्धि से किया गया कर्म चित्त शुद्ध करता है तथा मुक्ति का साधन बनता है।

व्याख्या—प्रभु के श्रीचरणों में कर्म को अर्पित करना ही कर्मयोग कहलाता है। इसे करने के लिए प्रत्येक कर्म को परमात्मा के साथ जोड़ना चाहिए। कर्मयोगी को परमात्मा का भक्त होना अनिवार्य है। यदि प्रभु के श्रीचरणों में प्रेम नहीं होगा तो कर्मों का उनके प्रति समर्पण नहीं हो पाएगा, उसे करने के लिए चेष्टा व प्रयास लगेगा। साधारणतः हम तीन स्तर पर विविध चेष्टाएँ करते है। वे हैं—शरीर, वाणी और मन। यदि इन चेष्टाओं को संकल्पपूर्वक सजगता के साथ किया जाता है तो ही वे कर्म की श्रेणी में आती हैं। इन त्रिविध स्तर के कर्मों को कर्मयोग बनाने का तरीका महर्षिजी प्रतिपादित करते हैं कि 'पूजनं जपश्चिन्तम्'। परमात्मा के किसी रूप विषय को लेकर उन्हें साक्षात् चेतनस्वरूप परमात्मा जानकर उनकी शरीर के द्वारा पूजा की जाती है, जिसे मूर्तिपूजा कहा जाता है। घर के किसी शुद्ध पवित्र स्थान में एक मंदिर बनाकर उसमें उस विग्रह को स्थापित किया जाता है। फिर परमात्मा को उसमें आवाहित करके उनके प्रति उन समस्त आसन, स्नान, चंदन, धूप, दीप, नैवेद्य आदि उपचार समर्पित किए जाते हैं, जिसे हम स्वयं के लिए भी करते हैं। यह शरीर के स्तर के कर्मों को प्रभु के प्रति समर्पित करने का प्रारंभिक सोपान मात्र है। उसका पर्यवसान हमारे समस्त कर्मों में उस भावना को समाविष्ट करना है। वाणी के स्तर पर महर्षिजी बताते हैं कि जपः यानी वाणी के द्वारा परमात्मा की स्तुति करना फिर नाम-जप का आश्रय लेना। मन ही मन परमात्मा के दिव्य अस्तित्व को अनुभव करके उनकी कृपा और महानता का स्मरण करते हुए धन्यतापूर्वक उनके नाम का आवृत्ति रूप से स्मरण करना। यह वाणी के द्वारा अपनी भक्ति को समर्पित करने का तरीका है। तीसरा मन के स्तर पर परमात्मा की महानता, उनकी कृपा तथा गुण विषयों को स्मरण करना ध्यान होता है। इस तरह अपने व्यक्तित्व के प्रत्येक स्तर के कर्मों का प्रभु के श्री चरणों में अर्पण होने से कर्म के संभावित दोषों से बचा जा सकता है तथा यह मुक्ति का साधन रूप बनता है। इन तीनों साधनाओं को रमण महर्षिजी ने अगले श्लोकों में विस्तार से बताया है।

श्लोक-5

संगति—पिछले श्लोक में देखा कि पूजन, जप और चिंतन-शरीर, वाणी और मन से किए जानेवाले कर्म उत्तम हैं। शरीर से किए जानेवाले पूजा रूपी कर्मों का पर्यवसान कहाँ एवं किस दृष्टि में होता है, यह महर्षिजी आगे के श्लोक में बताते हैं।

जगत् ईशधीयुक्तसेवनम्।
अष्टमूर्तिभृद्देवपूजनम्॥

अन्वयार्थ—जगतः—जगत् का, ईषधीयुक्त-ईश्वरबुद्धि से युक्त, सेवनम्-सेवा, अष्ट-मूर्ति-भृत्-आठ मूर्तिधारी, देवपूजनम्-देवता की पूजा है।

श्लोकार्थ—जगत् के प्रति ईश्वर की बुद्धि रखकर सेवा करना ही अष्ट मूर्तिधारी ईश्वर की पूजा है।

व्याख्या—पूजा एक बहुत सुंदर साधना होती है, जिसमें हम किसी रूप विषय में अभिव्यक्त परमात्मा को लेकर उन्हें जगदीश्वर जानकर उनकी पूजा-सेवा करते हैं। घर के किसी शुद्ध पवित्र स्थान में एक मंदिर बनाकर उसमें उस विग्रह को स्थापित कर और परमात्मा को आवाहित करके उनके प्रति उन समस्त आसन, वस्त्र, चंदन, धूप, दीप, नैवेद्य आदि बड़ी श्रद्धा, भक्ति एवं कृतज्ञता से समर्पित किए जाते हैं। भाव से ही भाव जगता और बढ़ता है। यह पूजा शरीर के स्तर के कर्मों को प्रभु के प्रति समर्पित करने का प्रारंभिक सोपान है। प्रारंभ में यह पूजा एक मंदिर में स्थित अपने इष्ट के विग्रह तक ही सीमित होती है, किंतु यदि प्रभु को हम तत्त्वतः एक विग्रह मात्र में ही सीमित समझते हैं तो यह उनकी अवज्ञा करना ही होता है। जो परमात्मा जगत् के अधिष्ठान रूप हैं, वे एक विग्रह व रूप मात्र में सीमित कैसे हो सकते हैं? यह पूरा जगत् परमात्मा की ही अभिव्यक्ति रूप है। मंदिर में की गई अपने इष्ट के विग्रह की पूजा का पर्यवसान ऐसी सुंदर दृष्टि में होनी चाहिए। श्रुति भी जगत् रूप ईश्वर के बारे में एक सुंदर काव्यात्मक दृष्टि का प्रतिपादन करती है। उसी का अनुवाद महर्षिजी ने इस श्लोक में किया है। महर्षिजी बताते हैं कि इस पूरे जगत् को आठ मूर्तिधारी ईश्वर ही

जानो। इस जगत् के उपादान रूप आठ पदार्थ देखें जा सकते हैं। वे हैं—पाँच महाभूत, सूर्य-चंद्र और जीव। परमात्मा के एक विराट् शरीर के विविध अंग रूप बताए जाते हैं। इनमें सूर्य, चंद्र और अग्नि परमात्मा की आँखें हैं, आकाश मस्तक रूप है, वायु परमात्मा की साँस है, जल बस्ती प्रदेश है और पृथ्वी परमात्मा के चरण हैं। जीव परमात्मा के अंत:करण की विविध वृत्तियाँ हैं। वायु चलती है तो परमात्मा की साँसें हमें उनके अत्यंत निकट होने का एहसास कराती हैं। हम आकाश की छत्रच्छाया और प्रभु की पृथ्वी रूपी गोद में बैठे हैं। यह हमें अत्यंत सुरक्षित होने का एहसास कराती है। जिस समय सूर्यादि को प्रभु की आँख की तरह देखते हैं तो जीवन में एक निश्चिंतता आती है कि प्रभु की दृष्टि हमारे ऊपर है। इतना ही नहीं, इस बात के एहसास की वजह से साधक धर्म पथानुगामी बनते हैं। जब अपने आपको प्रभु के चित्त की वृत्ति रूपी जानते हैं, तो एहसास होता है कि हम भी परमात्मा के अभिन्न अंग रूप हैं। इसलिए हम भी वस्तुत: दिव्य और अमृत स्वरूप हैं, इस बात का भी एहसास उत्पन्न होता है। यह दृष्टि जगत् को दिव्य स्वरूप बना देती है। जब सबकुछ परमात्मा ही है, तो किससे राग करें और किससे द्वेष! हम जो कुछ भी करते हैं वह प्रभु के प्रति समर्पित है एवं प्रत्येक कर्म का समर्पण प्रभु के श्री चरणों में होने लगता है। हमारे कर्म कर्मयोग बन जाते हैं, जिसे महर्षिजी ने चित्तशुद्धि का एक मात्र साधन बताया था। हमारी समस्त सामर्थ्य प्रभु से ही है, अत: किसी भी कर्म के फल को पाने के समय विनम्रता तथा कृतज्ञता की भावना जगने लगती है। जिस मन में धन्यता की भावना जग जाती हैं, वह मन शांत, निरपेक्ष और शुद्ध होता है। वह ही परमात्मा से ऐक्य का ज्ञान पाने के लिए पात्र बन जाता है। इसलिए महर्षिजी कहते हैं कि जगत् के प्रति ईश्वर की बुद्धि से युक्त होकर प्रत्येक कर्म को पूजा बनाना चाहिए—यह ही एकमात्र कल्याणकारी पूजा एवं साधना है। ऐसी दृष्टि से शीघ्र ही मन निर्मल हो जाता है।

श्लोक-6

संगति—पिछले श्लोक में देखा कि जगत् के प्रति ईश्वर की बुद्धि से युक्त होकर प्रत्येक कर्म को पूजा बनाना चाहिए—यह ही एक मात्र कल्याणकारी पूजा रूपी साधना है। ऐसी दृष्टि से शीघ्र ही मन निर्मल हो जाता है। अब वाणी के स्तर की साधना, जप के विषय में महर्षिजी ने बताया—

उत्तमस्तवादुच्चमन्दतः।
चित्तजं जपध्यानमुत्तमम्॥

अन्वयार्थ—उत्तम स्तवाद्-स्तुति से उत्तम, उच्च-मन्दतः-उच्च, मंद, चित्तजं जप-चित्त जप, ध्यानम्-ध्यान, उत्तमम्-उत्तम है।

श्लोकार्थ—ईश्वर की स्तुति करना उत्तम है, किंतु इससे सूक्ष्म और श्रेष्ठ जप है। यह जप तीन प्रकार का है, उच्च, मंद और मानस जप। यह क्रम से उत्तरोत्तर श्रेष्ठ माना गया है।

व्याख्या—महर्षिजी हमें जीवन के परम् लक्ष्य की दिशा में अग्रसर करने के लिए स्थूल से आरंभ करते हुए सूक्ष्म स्तर के क्रम से साधना का स्वरूप तथा उसका पर्यवसान दिखा रहे हैं। इसके अंतर्गत समस्त इंद्रियों के स्तर की साधना से आगे बढ़कर और भी सूक्ष्म वाणी और मन के स्तर की साधना होती है। शुरुआत में मन अनेक विषयों में रागादिवशात् तथा आदतवशात् भागता रहता है, अतः स्थूल आलंबन लेते हुए भी उसे भगवान् के श्रीचरणों में लगाए रखने के लिए विविध तरीके से व्यस्त किया जाता है। इसके लिए वाणी के स्तर पर प्रभु का नाम-जप करना बताया जाता है। इससे मन शांत, समाहित, एकाग्र होता है तथा यह अपनी संकल्प शक्ति एवं प्रभु भक्ति को बढ़ाने सहायक है। इस जप के पूर्व भगवान् के स्रोत्रपाठ, भजन आदि के द्वारा स्तुति का आश्रय लिया जाता है। इनके द्वारा प्रभु की महिमा का गुणगान गाते हुए मन में प्रेम का संचार किया जाता है। इससे मन धीमे-धीमे समाहित होने लगता है, मन भावयुक्त होने लगता है। जब यह कार्य संपन्न होने लगता है, तब वाणी के स्तर पर ज्यादा शब्दों का आलंबन नहीं लेते हुए

किसी एक मंत्र की बार-बार आवृत्ति की जाती है, जिसे जप कहते हैं। जप करने के लिए शांत और एकांत स्थान में बैठकर जिन भगवान् का नाम-जप करना हो उनके रूप एवं गुणों को मन में लाना चाहिए। तदुपरांत मन में प्रभु के प्रति कृतज्ञता की भावना को जगाकर मन के वातावरण को भावपूर्ण बनाएँ। उसके उपरांत नाम-जप करना आरंभ किया जाता है। जप तीन प्रकार के होते हैं। उच्च जप, मंद जप और मानस जप।

1. **उच्च जप**—प्रारंभ में उच्च जप से प्रारंभ करना चाहिए। इसमें मंत्र का उच्चारण ऊँचे स्वर में किया जाता है, जिसे हम स्वयं भी सुन सकते हैं और आसपास के अन्य लोग, अगर कोई होता है, तो वह भी सुन सकता है। यद्यपि ध्यान रखें कि आपके मंत्र को कोई सुन न सके, इसीलिए जप के लिए एकांत स्थान को चुना जाता है। इस उच्च जप की परिपक्वता होने पर उसका पर्यवसान मंद जप में होता है।
2. **मंद जप**—मंद जप में हम अपने होंठ एवं कंठ द्वारा जप करते हैं। इसमें स्वर इतना मंद होता है कि हमारे सिवा और कोई उसे सुन नहीं सकता है। इस मंद जप की परिपक्वता होने पर उसका पर्यवसान मानस जप में होना चाहिए।
3. **मानस जप**—जब मंद जप ठीक से होने लगे तब मानस जप करना चाहिए। इसमें जप को वाणी, होंठ एवं कंठ के स्तर पर बिलकुल बंद करते हुए केवल मन ही मन में जप चलता है। जप मन के उस भाग में से होता है, जहाँ से समस्त विचार उठते हैं। जप में हमारा लक्ष्य यह होता है कि हम पूरे भाव से एवं तन्मय होकर, धन्यता से ईश्वर के अस्तित्व का स्मरण बनाए रख सकें। यह प्रारंभिक ध्यान है। जप के प्रारंभ में अपने इष्टदेव के रूप का स्मरण होता है, लेकिन बाद में केवल उनके अस्तित्व का सतत स्मरण बनाए रखना चाहिए। इसके अलावा प्रारंभ में जप में मंत्र की आवृत्ति की गति तेज होती है। फिर धीमे-धीमे उस गति

को मंद किया जाता है। मंत्र के ऊपर ही अपने ध्यान को केंद्रित किया जाता है। धीमे-धीमे मन इतना भावविभोर और समाहित हो जाए कि मंत्र का उच्चारण गौण होकर प्रभु के श्रीचरणों में ध्यान केंद्रित होना चाहिए। नाम-जप का पर्यवसान इसी ध्यान में हुआ करता है।

श्लोक-7

संगति—पिछले श्लोक में वाणी के स्तर के साधना रूपी जप के विषय में देखा। जप के प्रारंभ में अपने इष्टदेव के रूप का स्मरण होता है। इसके माध्यम से हम अपनी वाणी और मन दोनों को प्रभु में लगाते हैं, परंतु उसके उपरांत वाणी के स्थूल आलंबन को छोड़कर केवल मन को ही उनमें लगाते हैं। परमात्मा की करुणा और महिमा के स्मरण से मन इतना भावविभोर और समाहित हो जाए कि मंत्र का उच्चारण गौण होकर प्रभु के श्रीचरणों में ध्यान केंद्रित होना चाहिए। नाम-जप का पर्यवसान इसी ध्यान में हुआ करता है। इस ध्यान का पर्यवसान कहाँ होता है, उसे महर्षिजी बताते हैं।

आज्यधारया स्रोतसा समम्।
सरलचिन्तनं विरलतः परम्॥

अन्वयार्थ—आज्यधारया समम्-तैलधारा की तरह, स्रोतसा समम्-प्रवाह की तरह, सरलचिन्तनम्-सरल चिंतन, विरलतः-खंडित (चिंतन) से, परम्-श्रेष्ठ है।

श्लोकार्थ—तेल की धारा के तथा नदी के प्रवाह के समान किया जानेवाला ईश्वर का सरल चिंतन ही खंडित चिंतन से श्रेष्ठ है।

व्याख्या—जप मन के स्तर की एक प्रारंभिक साधना होती है। इसके बारे में पिछले श्लोक में बताया गया। इस जप रूपी साधना का पर्यवसान उस ध्यान रूपी साधना में होता है कि जहाँ पर उनके नाम की आवृत्ति धीमे-धीमे विराम को प्राप्त हो जाती है। मन में केवल परमात्मा का स्मरण मात्र बना

रहता है। अब नाम या शब्द का आश्रय छोड़कर परमात्मा के किसी सगुण रूप को प्रेमपूर्वक मन में लाकर अपने ध्यान का विषय बनाते हैं, अथवा किसी रूप विषय को नहीं लाते हुए उनके गुण विशेष का चिंतन करते हुए मन में उसका ध्यान करते हैं। इस प्रक्रिया को ध्यान कहा जाता है, जिसमें हम परमात्मा के ध्यान करनेवाले ध्याता हैं, परमात्मा हमारे ध्यान का विषय ध्येय है और इस तरह ध्यान की क्रिया संपन्न होती है। ध्यान करते समय मन में स्वभाववशात् अथवा रागादिवशात् अनेक व्यवधान आते हैं। जब मन नियत विषयों में भागने की चेष्टा करता है, तो यह निश्चित है कि वे या तो राग से संबद्ध विषय होते हैं, या द्वेष से संबद्ध। जो भी विषय हमारे अहं की संतुष्टि के लिए निमित्त बनता है, उससे सुख की अनुभूति होती है, अतः उसमें रागवशात् बार-बार मन जाता है। इसी प्रकार जो भी विषय हमारे अहं को पीड़ा पहुँचाने में निमित्त बनता है, उससे दुःख की अनुभूति होती है, उसमें द्वेष भावना होने लगती है, एवं मन उसी राग-द्वेष के विषयों में बार-बार भागता है, इसके कारण ध्यान खंडित होने लगता है। इसे महर्षिजी ने विरल चिंतन बताया है। ऐसे समय राग के विषय में दोष दर्शन और द्वेष के विषय में गुण दर्शन करके राग-द्वेष को प्रारंभिक चरणों में शिथिल किया जाता है। जब मन निश्चित विषयों में न जाकर असंबद्ध विषयों में घूमता रहता है, तो इसे मन की आदतवशात् प्रवृत्ति समझनी चाहिए। हालाँकि जप की साधना से मन के इन दो विषयों पर काफी हद तक नियंत्रण प्राप्त होता है, तथापि मन के स्वभाव और आदत को अभ्यास और वैराग्य का आश्रय लेकर दूर करना चाहिए। मन को जब अपने इष्ट में रस का अनुभव नहीं होता है, तो वह उधर से पलायन करना चाहता है। अतः या तो रागादि के विषयों में जाता है, अथवा वहाँ से कहीं अन्यत्र रस की तलाश में भटकता रहता है। अतः मन को पुनः-पुनः परमात्मा के चरणों में लगाएँ। साथ ही परमात्मा की महिमा एवं कृपा का स्मरण करते हुए मन को प्रेम के रस से सराबोर कर देने पर प्यासे मन को रस की अनुभूति होने लगती है। वह मन अब परमात्मा के ध्यान में स्थिर होने लगता है। इस प्रकार जब मन की परमात्मा के चरणों में स्थिरता

हो जाती है, ऐसी सजातीय वृत्ति प्रवाह को ही महर्षिजी सरल चिंतन बताते हैं। यह सरल चिंतन, विरल चिंतन से श्रेष्ठ है। महर्षिजी दृष्टांत से बताते हैं कि परमात्मा के चरणों में ध्यान तैल धारावत् हो। जैसे तेल की धारा में अखंडता एवं स्निग्धता होती है, वैसे ही अपने इष्ट के प्रति भक्तिरस से युक्त अखंड चिंतन हो, किंतु तेल की धारा को प्रवाहित करने में थोड़ा प्रयास होता है। अतः उसके पर्यवसान रूप दूसरा दृष्टांत देते हैं कि यह नदी के प्रवाह की तरह हो, जो अत्यंत सहजतापूर्वक बहता है, बिना किसी प्रयास के। जब ध्यान करते-करते ध्याता ध्येयाकार हो जाता है, उसमें ध्यान करने की कोई चेष्टा नहीं रह जाती तथा कुछ क्षणों तक अपने ध्यातापन के अभिमान से रहित हो जाता है, तो यह ही उपासना रूपी ध्यान का पर्यवसान है।

श्लोक-8

संगति—पिछले श्लोक में देखा कि परमात्मा के चरणों में ध्यान तैल धारावत् हो। जैसे तेल की धारा में अखंडता एवं स्निग्धता होती है, वैसे ही अपने इष्ट के प्रति भक्तिरस से युक्त अखंड चिंतन हो। नदी के प्रवाह की तरह उसमें अत्यंत सहजता भी हो, बिना किसी प्रयास के। जब ध्यान करते-करते ध्याता ध्येयाकार हो जाता है, उसमें ध्यान करने की कोई चेष्टा नहीं होती, तथा कुछ क्षणों तक अपने ध्यातापन के अभिमान से रहित हो जाता है, तो यह उपासना रूपी ध्यान का पर्यवसान है। उपासना की ऐसी स्थिति उत्कृष्ट मानी जाती है, किंतु इसकी अपनी सीमाएँ होती हैं। यदि किसी को इसका रस लग जाता है, तो उसके लिए व्यवहार एक समस्या का कारण बनने लगता है। वह बार-बार इसी रस का आस्वादन करने की इच्छा करता है। अतः महर्षिजी आगे के श्लोक में इस रसास्वादन को व्यावहारिक धरातल पर लाने का उपाय बताते हैं।

भेदभावनात् सोऽहमित्यसौ।
भावनाऽभिदा पावनी मता॥

अन्वयार्थ—भेदभावनात्-भेद की भावना से, सः अहम् इति-वह मैं हूँ

इस प्रकार की, अभिदा भावना-अभेद की भावना, पावनी-पावन करनेवाली, मता-मानी गई है।

श्लोकार्थ—परमात्मा से पृथकता की भावना से 'वह मैं हूँ' इस प्रकार की अभिदा भावना मन को शुद्ध करती है।

व्याख्या—पिछले श्लोक में बताई गई उपासना के माध्यम से मन के अनेक सामर्थ्य और दैवी गुणों का विकास होने लगता है। मन के पास दो अद्‌भुत सामर्थ्य होते हैं, जिसे विकसित करने पर मन को समग्र विकसित कहा जाता है। एक यह कि किसी परिस्थिति में किनारे खड़े रहकर उसे तटस्थतापूर्वक देखने की सामर्थ्य और दूसरा कि किसी के साथ तदाकार अर्थात् अभिनिवेश करने की सामर्थ्य। पहली सामर्थ्य कर्म के क्षेत्र में विकसित होती है। दूसरी सामर्थ्य पिछले श्लोक में बताई गई उपासना के माध्यम से विकसित की जाती है। जिस मन में ये दोनों सामर्थ्य विकसित हैं, वह ज्ञान के श्रवण, मनन और निदिध्यासन रूप साधना के लिए अधिकारी बनता है। उपासना का पर्यवसान, जहाँ ध्याता ध्येयाकार हो जाता है, वह सामर्थ्य अभिनिवेश की सामर्थ्य है। किंतु अभी वह भक्त अपने आराध्य को अपने से पृथक् समझ रहा है, उसके उपरांत तन्मयता का रसपान करता है। किसी भी साधन का आश्रय (स्थूल या सूक्ष्म का) लेकर रस की अनुभूति करना अपने बारे में एक अपूर्ण भोक्ता का अस्तित्व सूचित करता है, जिसे कुछ-न-कुछ भोग की आवश्यकता है। संसार का अर्थ भी यह ही होता है, जहाँ द्वैत का अस्तित्व है—मैं और मुझसे पृथक् रसपान का विषय। अपूर्ण 'मैं' के प्रयास से सदैव संसार का ही अस्तित्व बना रहेगा। समस्त शास्त्र का यह उद्‌घोष है कि अपनी औपाधिक परिच्छिन्नताओं के बावजूद हम वस्तुतः पूर्ण परमात्म तत्त्व ही हैं। इन शास्त्रों पर श्रद्धा रखकर अपनी पूर्ण स्वरूपता का विश्वास होना चाहिए। परमात्मा से अभिन्न होने की श्रद्धा रखकर अपने बारे में पूर्णता की अस्मिता को दृढ़ करना चाहिए। इस भावना को ही 'सः अहम्' वह हम हैं, इस प्रकार की अभिधा भावना महर्षिजी ने बताई। पूर्णता की श्रद्धा के उपरांत जगत् के साथ, विषयों के साथ संबंध तथा परमात्मा का स्मरण स्वार्थ

की भावना से नहीं, किंतु धन्यता के भाव से होने लगता है। भगवान् गीता में बताते हैं कि 'यो यच्छ्द्धः स एव सः'। जो जैसी श्रद्धा रखता है, वह वैसा ही हो जाता है। पूर्णता की श्रद्धा ही पूर्णस्वरूपता के ज्ञान में परिणत होती है। वह ही मुक्ति है। अपने परमात्म स्वरूप की श्रद्धा इसलिए निश्चित रूप से पावन करनेवाली है। अतः वे बताते हैं कि भेद की भावना से 'सोऽहम् इति' अभिधा भावना मन को पावन करनेवाली मानी गई है, क्योंकि यह ही मुक्ति की ओर ले जानेवाली है। यह ही निःस्वार्थता उत्पन्न करनेवाली है। मन में निःस्वार्थता आते ही समस्त अशुद्धियाँ समाप्त होने लगती हैं।

श्लोक-9

संगति—चौथे से आठवें श्लोक तक साधन भक्ति का प्रतिपादन किया गया है ताकि परमात्मा के प्रति प्रेम और श्रद्धा में वृद्धि हो सके। जैसे-जैसे मन में प्रभु के प्रति प्रेम और श्रद्धा बढ़ती जाती है, वैसे-वैसे मन निष्काम अर्थात् शुद्ध और सात्त्विक होता जाता है। मन को शुद्ध और सात्त्विक बनाने के लिए प्रभु के प्रति अभेद की भावना अत्यंत फलदायी होती है। अब इस श्लोक में भक्ति के पर्यवसान का स्वरूप बताते हैं।

भावशून्यसद्भावसुस्थितिः।
भावनाबलाद् भक्तिरुत्तमा॥

अन्वयार्थ—भावशून्य-समस्त भेद से रहित, सद्भाव-सत्स्वरूप में, सुस्थितिः-सम्यक् स्थिति, उत्तमा भक्तिः-श्रेष्ठ भक्ति है, भावना बलाद्-अभेद भावना के बल से (प्राप्त होती है।)

श्लोकार्थ—समस्त भेद से रहित सत्स्वरूप में सम्यक् स्थिति ही सर्वश्रेष्ठ भक्ति है। यह अभेद भावना के बल से प्राप्त होती है।

व्याख्या—पिछले श्लोक में हमने देखा कि परमात्मा के साथ अभेद की भावना रखनी चाहिए, अर्थात् उनसे हम भिन्न नहीं हैं, यह भावना पावन करनेवाली है। परमात्मा के साथ अभेद की भावना रखना, शास्त्र और गुरु के

प्रति श्रद्धा की वजह से मन के अंदर जगाया गया भाव रूप होता है, किंतु यह मन के स्तर पर भाव अर्थात् वृत्तिरूपा ही होता है। इस प्रकार की श्रद्धा का ही पर्यवसान ज्ञान में होता है। गीता में भगवान् बताते हैं कि 'यो यच्छ्द्धः स एव सः।' जो जैसी श्रद्धा रखता है वह वैसा ही होता है। परमात्मा से अभेद की श्रद्धा की वजह से भावना जितनी हद तक दृढ़ होती है, उतना ही शीघ्र उसका प्रसाद प्राप्त होता है। महर्षिजी यहाँ उत्तमा भक्ति अर्थात् भक्ति का पर्यवसान अथवा भक्ति की पराकाष्ठा का रूप बताते हैं। भक्ति में परमात्मा के प्रति समर्पण होता है, जहाँ भक्त अपनी समस्त विशेषताओं का अभिमान प्रभु के श्रीचरणों में समर्पित करके उनकी सेवा करता है। प्रभु के प्रति वह अनन्य प्रेम से युक्त होता है। जिसके भी प्रति प्रेम होता है, उससे एकात्मता प्राप्त करने की एक स्वाभाविक ही चाह होती है। प्रभु के प्रति जैसे-जैसे प्रेम बढ़ता जाता है, तो उनसे भी एक होने की स्वाभाविक कामना होती है। अभिधा भावना में गुरु और शास्त्र के प्रति श्रद्धा की वजह से यह भावना रखी जाती है, कि हमसे परमात्मा अलग नहीं है, किंतु हमारी आत्मा की तरह से ही है। इस श्रद्धा की वजह से मन शुद्ध, सात्त्विक और सत्य के ज्ञान के लिए पात्र बनने लगता है। ऐसे शुद्ध मन से युक्त जिज्ञासु साधक जब गुरु के श्रीचरणों में बैठकर आत्मा के ज्ञान का श्रवण करता है तब इस श्रद्धा की ज्ञान में परिणति होती है। इस ज्ञान की अवस्था को ही यहाँ भावशून्य शब्द के माध्यम से बताया जा रहा है। भावशून्य अर्थात् विकल्पशून्य। जहाँ किसी भी प्रकार के कोई भेद नहीं हैं। परमात्मा के प्रति जीव का पूर्ण रूप से समर्पण, जहाँ जीव और ईश्वर दो नहीं हैं। अपनी मूल अस्मिता समस्त द्वैत से परे, सत् स्वरूप पूर्ण परमात्मा है। इस अस्मिता में सुस्थिति हो जाना अर्थात् इस तथ्य में निष्ठा हो जाना। यह अभिधा भावना की तरह कोई भाव अर्थात् वृत्ति रूप से नहीं है। अभेद की भावना और अभेद के ज्ञान में मूलभूत यह भेद होता है कि अभेद की भावना में श्रद्धा के बल से प्रयासपूर्वक अभेद की भावना बनाई जाती है। जहाँ बुद्धि में ज्ञान उससे ठीक विपरीत विराजमान है। अर्थात् बुद्धि और मन का भेद स्पष्ट रूप से विराजमान है। अभेद के ज्ञान में मन में जिस विनाशक

भावना को दृढ़ किया था, उसे गुरु के कृपाप्रसाद से जान लिया है। अतः मन और बुद्धि में कोई संशय विपर्यय का अस्तित्व नहीं रहता है। अभिधा भावना की दृढ़ता के प्रभाव से ज्ञान के इस अभेद में स्थिति रूपा प्रसाद की प्राप्ति होती है, यह ही भक्ति की पराकाष्ठा है। जहाँ हमारे प्रियतम प्रभु से हम एक है, यह दृष्टि प्राप्त हो गई है। ऐसे धन्य मन में अब किसी चीज की प्राप्ति का, या कुछ करने या न करने का कोई भी संकल्प शेष नहीं रहता है। इस ही भावशून्य स्थिति के लिए अपरोक्षानुभूति, तुरीय अवस्था की प्राप्ति ब्रह्मज्ञान की अवस्था आदि पर्याय रूप है।

श्लोक-10

संगति—पिछले श्लोक में समस्त भेद से रहित स्वस्वरूप में सम्यक् स्थिति को प्राप्त करना ही सर्वश्रेष्ठ भक्ति कहा गया। अब यहाँ उसे ही जीवन के लक्ष्य स्वरूप बताते हुए समस्त साधनों का स्थान एवं समन्वयात्मक दृष्टिकोण बताते हैं।

हृत्स्थले मनः स्वस्थता क्रिया।
भक्तियोगबोधाश्च निश्चितम्॥

अन्वयार्थ—हृत्स्थले-चेतनस्वरूपता में, स्वस्थता-स्थित, क्रिया-करना, भक्ति योग बोधाः च-भक्ति, योग और बोध की, निश्चितम्-निश्चय ही (यह प्रयोजन है)

श्लोकार्थ—मन को हृद् अर्थात् अपनी चेतन स्वरूपता में स्थित कर देना ही भक्ति, कर्म, योग एवं ज्ञान का प्रयोजन है। यह समस्त शास्त्रों और आचार्यों का निश्चित मत है।

व्याख्या—रमण महर्षिजी कहते हैं कि समस्त प्रमाणों एवं आचार्यों के द्वारा यह बात निश्चित की गई है कि अंततः जब हमारा मन हृत्स्थले अर्थात् अपने ही चेतन स्वरूपता में सहज रूप से विद्यमान, स्थित होकर स्वस्थ हो जाता है, तो वह ही समस्त साधना का पर्यवसान है। हृद् का अर्थ होता है

केंद्र। जैसे हृदय हमारे पूरे शरीर का केंद्र होता है। वैसे ही जो हमारे व्यक्तित्व का सारभूत तत्त्व है, जिसकी वजह से हमारा होना है, वह चेतन सत्ता ही हृदय है। जब इसको ब्रह्म जानते हुए आत्मा की तरह से जान जाते हैं, तो वह ही मूल साधना है। उस स्वस्वरूप में स्थित हो जाना ही स्वस्थता की प्राप्ति है। जब तक उसमें स्थिति प्राप्त नहीं होती है, तब तक कुछ-न-कुछ करने की आवश्यकता होती है, तथा कुछ भी करें तब भी पूर्णता की प्राप्ति कभी संभव नहीं होती। यह ही संसार है, यह ही बंधन है। जब हम ही पूर्ण हैं, तो करने अथवा नहीं करने का प्रश्न ही खत्म हो जाता है और संसार वृक्ष का जड़ से छेदन हो जाता है। यह ही मोक्ष है। पिछले श्लोक में जिसे सद्‌भाव सुस्थिति कहा गया, उसे ही यहाँ 'हृत्स्थले स्वस्थता' के द्वारा कहा गया। भक्तियोग, कर्मयोग, अष्टांग योग की साधना हो या ज्ञान योग हो, इन समस्त योगों का मूल प्रयोजन आत्म-एकत्व बोध के लिए ही पात्रता उत्पन्न करना है। इसी के लिए योगदान होता है। प्रत्येक योग हमारी बहिर्मुखता को समाप्त करके अपने करीब ले आता है। कर्म एवं भक्तियोग के बारे में विचार करके देखा कि कैसे एक साधक के जीवन में इन दोनों का योगदान है। हम किसी भी एक चीज का आश्रय लेकर दूसरे की उपेक्षा नहीं कर सकते। एक व्यक्ति के अंदर भावनाएँ होती हैं, विचार होता है, प्राण की क्रियाएँ चला करती हैं तथा हर क्षण किसी-न-किसी कर्म का आश्रय लिया जाता है। हम अपनी इस समस्त शक्ति व सामर्थ्यों का कैसे प्रयोग करें कि अंततः समस्त जगत् के मिथ्यात्व का निश्चय करके अपने आपको ही सहज रूप से पूर्ण जान लें। यह ही समस्त साधनों का प्रयोजन है। इस प्रकार श्लोक में समस्त साधनों का एक समन्वयात्मक दृष्टिकोण प्रदान किया गया कि ये समस्त अलग-अलग मार्ग नहीं हैं, बल्कि ये अपने ही व्यक्तित्व के विविध स्तरों को अपने स्वस्वरूप के ज्ञान के लिए तैयार करने की विधियाँ हैं।

श्लोक-11

संगति—पिछले श्लोक में महर्षिजी ने समस्त साधनाओं का समन्वयात्मक दृष्टिकोण बताया कि इन सबका प्रयोजन अपने स्वस्वरूप में जगने मात्र के लिए है। इन साधनों के द्वारा मन को ज्ञान के लिए पात्र बनाकर अंततः गुरु के श्री चरणों में बैठकर श्रवण करना होता है।

वायुरोधनाल्लीयते मनः।
जालपक्षिवद्रोध साधनम्॥

अन्वयार्थ—वायुरोधनात्-प्राण के निरोध करने से, मनः-मन, लीयते-लय होता है। जालपक्षिवद्-जाल में फँसे पक्षी की तरह, रोध साधनम्-निग्रह साधन है।

श्लोकार्थ—प्राण के निरोध करने से मन का लय हो जाता है, किंतु यह प्राणनिरोध पक्षी को जाल में पकड़ने के समान मन के निरोध का एक साधन है।

व्याख्या—पातंजल योग सूत्र में महर्षि पतंजलिजी ने मन के ऊपर विशद एवं गहन अध्ययन किया है। उसमें मन को शांत करने के लिए अष्टांग योग के एक अंग की तरह प्राणायाम को हेतु बनाया गया है। वैसे योगशास्त्र का प्रयोजन ही मन को शांत करना है। 'योगः चित्तवृत्तिनिरोधः।' शरीर की स्वस्थता के लिए तथा मन को शांत करने के लिए विविध यम और नियम आदि का पालन करना आवश्यक है। इन आठ अंगों में से एक अंग प्राणायाम है। प्राणायाम का अर्थ होता है—श्वासप्रश्वासयोः गतिविच्छेदः। श्वास और प्रश्वास की गति का विच्छेद कर उस पर नियंत्रण स्थापित करना। प्राण और मन का घनिष्ठ संबंध है, अतः एक को नियंत्रित करने पर दूसरे पर भी उसका प्रभाव दिखता है। हमारी जो सतत साँस चलती है, वह तीन प्रकार की है, 1. जब हम साँस को बाहर छोड़ते हैं, वह रेचक कहलाता है, 2. जब अंदर लेते है तो वह पूरक कहलाता है, और 3. रेचक और पूरक के मध्य में साँस जो अंदर रुकी हुई है वह 'अंतः कुंभक' और पूरक और रेचक के मध्य में

साँस को अपने फेफड़े को खाली करके बाहर रोका है, तो वह 'बाह्य कुंभक' कहलाता है। प्राणायाम की प्रारंभिक साधनाओं में नाड़ियों को जगाया और शुद्ध किया जाता है, और फिर साँसों को गहरा और धीमा किया जाता है। धीमे-धीमे साँसों के बीच के अंतराल को बढ़ाया जाता है, और तदुपरांत कुंभक में स्थिति बढ़ाई जाती है। अंततः कुछ पल के लिए साँस चलना रुक जाती है। इस वजह से मन की समस्त वृत्तियाँ थोड़ी देर के लिए थम जाती हैं और मन लय को प्राप्त हो जाता है।

मन के दो कार्य होते हैं—1. इंद्रियों के माध्यम से बाह्य विषयों को ग्रहण करना, 2. किसी विषय से संबद्ध संकल्प-विकल्प करना। जो संकल्प-विकल्पात्मक होता है वह चंचल होता है। इस मन को ही शांत करने की आवश्यकता होती है। वायुरोधन अर्थात् प्राणायाम के द्वारा मन एकदम शांत हो जाता है। प्राणायाम के द्वारा मन के कैसे भी विक्षेपों को अस्थायी रूप से मगर क्षण भर में शांत किया जा सकता है। अतः प्राणायाम अभ्यास योग्य है। यह प्राणायाम मानों कि उड़ते हुए पक्षी को जाल में फाँस लेता है। जिस समय पक्षी के ऊपर जाल डाल दिया जाता है, तो वह अपने पंखों को समेटकर शांत होकर बैठ जाता है और जब जाल को हटा दिया जाए तब वह तेजी से वहाँ से उड़ जाता है। उसी तरह से प्राणायाम से शांत किया हुआ मन श्वास-निश्वास की गति के विच्छेद के काल में शांत होता है, लेकिन पुनः उड़ान भरने लगता है। प्राणायाम के द्वारा मन के मूल्यों में तथा विक्षेपों के कारण में कोई मूलभूत परिवर्तन नहीं होता है। अतः मूलरूप से मन वैसा-का-वैसा ही बना रहता है। अतः प्राणायाम की साधना को मन शांत करने का एक तात्कालिक उपाय समझना चाहिए, न कि शाश्वत उपाय। इसकी मर्यादा को जानकर इसका उचित लाभ लेना चाहिए, पर मन के विक्षेपों की निवृत्ति के लिए तो उसके कारण की गहराई में जाकर ही उसकी निवृत्ति करनी चाहिए।

श्लोक-12

व्याख्या—पिछले श्लोक में उन्होंने बताया कि प्राण के निरोध करने से मन का लय हो जाता है। इन प्राण और मन का क्या संबंध होता है, जिससे प्राण के रोधन से मन का लय होता है। इस बात को महर्षिजी आगे के श्लोक में बताते हैं।

चित्तवायवश्चित्क्रियायुताः।
शाखयोर्द्वयी शक्तिमूलका॥

अन्वयार्थ—चित्तवायवः-मन और प्राण, चित्क्रिया युता-चेतनता और क्रिया से युक्त, शाखयः द्वयी-दो शाखाएँ, शक्तिमूलकाः-मूल शक्ति की।

श्लोकार्थ—मन और प्राण चेतनता और क्रियाशक्ति से युक्त हैं। ये दोनों परमेश्वर की मूल शक्ति की दो शाखाएँ हैं।

व्याख्या—महर्षि पतंजलि के अष्टांगयोग के अंतर्गत प्राणायाम को एक अंग की तरह बताया गया। इस अष्टांगयोग का मूल प्रयोजन चित्त की वृत्तियों का निरोध करना है, यह पिछले श्लोक में हमने देखा। प्राण का निरोध करने से मन कुछ क्षणों के लिए शांत हो जाता है। इस प्राणायाम के लाभ को भी दर्शाया गया। प्राण और मन अन्योन्य संबंध रखते हैं, यह बात दिखाई गई। प्राण का प्रभाव मन पर तथा मन का प्रभाव प्राण पर कैसे पड़ता है, इस विषय में महर्षिजी बताते हैं कि मन और प्राण दोनों परमात्मा की मूल शक्ति की दो शाखाएँ हैं। परमात्मा की सृजनात्मक शक्ति, जिसे माया कहा जाता है, इससे ही समस्त जगत् का सृजन हुआ है। इसमें मन और प्राण भी उसी मायाशक्ति के कार्यरूप हैं। मन चेतन है, इसमें सतत अहं और इदं विषयक वृत्तियाँ होती हैं अर्थात् वृत्तियों के प्रवाह रूप का जीवंत भान होता है। दूसरी तरफ हमारी प्राणशक्ति ऊर्जारूपी है। इसकी वजह से शरीर, मन, इंद्रियाँ आदि समस्त उपाधियों में ऊर्जा का अनुभव होता है। ये दोनों मन और प्राण एक ही मायाशक्ति के कार्य रूप हैं जैसे एक ही वृक्ष की दो शाखाएँ हुआ करती हैं, उसी तरह। जैसे वृक्ष की एक शाखा को हिलाने पर दूसरी

सभी शाखाओं पर भी उसका प्रभाव दिखाई देता है, वैसे ही प्राण और मन का संबंध है। अत: प्राण को नियंत्रित करने पर मन भी शांत होता है। प्राण की वजह से मन ऊर्जावान भी होता है। प्राणायाम का अपने मन को शांत तथा ऊर्जावान बनाने में काफी महत्त्वपूर्ण योगदान है। परंतु प्राण और मन दोनों ही एक शक्ति के कार्य रूप हैं। उनमें अन्योन्य कार्य-कारण संबंध नहीं है। अत: प्राणायाम से मन की समस्याएँ समाप्त नहीं होती हैं, मात्र क्षणिक लय होती हैं। मन को क्षणिक शांत करने के उपरांत ऐसे शांत मन की गहराई में जाकर उस पर विचार करना चाहिए कि मन की समस्या का स्वरूप और उसका कारण क्या है? उस समस्या के मूल कारण के निदान के बारे में पुरुषार्थ होना चाहिए। दरअसल मूल समस्या प्राण के नियंत्रित न होने की वजह से नहीं है, किंतु अज्ञान की वजह से है। अत: प्राणायाम का यथोचित लाभ लेकर अज्ञान की निवृत्ति की दिशा में ही प्रयास होना चाहिए।

श्लोक-13

संगति—पिछले श्लोक में महर्षिजी ने बताया कि प्राण के निरोध करने से मन का लय हो जाता है तथा इसके पीछे के कारण को भी उजागर किया। प्राण निरोध से मन का लय हो जाना यह मात्र तत्काल समाधान है, किंतु सदैव समस्या से मुक्ति नहीं है। अब समस्यायुक्त मन के समाधान के उपाय को आगे के श्लोक में महर्षिजी बताते हैं।

लयविनाशने उभयरोधने।
लयगतंपुनर्भवति नो मृतम्॥

अन्वयार्थ—लयविनाशने-लय और नाश, उभयरोधने-दोनों निरोध हैं, लयगतं-लय को प्राप्त, पुन:-फिर से, भवति-होता है, नो मृतम्-मरा हुआ नहीं।

श्लोकार्थ—मन का लय और मनोनाश ये दोनों ही क्रमश: प्राणनिरोध और मनोनिरोध से होते हैं। उनमें लय को प्राप्त हुआ मन फिर वैसा-का-वैसा

जग जाता है, किंतु नष्ट हुआ मन कभी लौटकर नहीं आता।

व्याख्या—प्रत्येक व्यक्ति की अपने बारे में तथा अपने से भिन्न जगत् के बारे में कुछ-न-कुछ समझ हुआ करती है। यह समझ मन के अंदर ही होती है। अत: कहा जाता है कि मन ही मनुष्य के बंधन और मोक्ष का कारण है। समस्त समस्याएँ अपने बारे में अज्ञान और तज्जनित गलत समझ की वजह से होती हैं, यह अज्ञानादि मन में ही होता है। जब तक इस अज्ञान रूप कारण की निवृत्ति नहीं होती तब तक कार्य वैसा-का-वैसा ही बना रहता है। अत: जब तक अज्ञान का नाश नहीं होता तब तक मन का नाश नहीं होता और कार्य फिर से सिर उठाता है। प्राणायाम के माध्यम से मन नियंत्रण में अवश्य आता है, किंतु जब तक प्राण को नियंत्रित किया गया है तब तक ही मन शांत रहता है। जहाँ उसके ऊपर से प्राण का नियंत्रण हट गया तो वह शांत मन पुन: उठ खड़ा होता है और समस्या ज्यों की त्यों बनी रहती है, क्योंकि कारण तो अभी भी मौजूद है। मनोनाश का अर्थ यह ही होता है कि जहाँ समस्या से युक्त मन नष्ट हो गया, क्योंकि उसके कारण का नाश हो गया है एवं मनोनाश करना ही एक मात्र उपाय है, समस्त समस्याओं से छुटकारा पाने का। इस मनोनाश को कैसे किया जा सकता है, यह आगे के श्लोकों में महर्षिजी बताते हैं।

श्लोक-14

संगति—पिछले श्लोक में महर्षिजी ने बताया कि मन का लय और मनोनाश किया जा सकता है। इसमें से जो समस्या युक्त मन का लय किया जाता है, वह मन बाद में पुन: वैसा-का-वैसा समस्या युक्त जगता है, किंतु जो मन नाश को प्राप्त होता है वह पुन: समस्या उत्पन्न नहीं करता है। अब यहाँ पर मन के लय और नाश में क्या हेतु है अथवा किस प्रक्रिया का आश्रय लेकर मन का लय व नाश किया जाता है, इसे आगे के श्लोक में बताते हैं।

प्राणबन्धनाल्लीनमानसम्।
एक चिन्तनान्नाशमेत्यदः॥

अन्वयार्थ—प्राणबन्धनात्-प्राण के बंधन से, लीनमानसम्-लय को प्राप्त हुआ मन, एक चिन्तनात्-एक तत्त्व के चिंतन, अदः-यह (मन), नाशम्-नाश, एति-प्राप्त होता है।

श्लोकार्थ—प्राण के बंधन से लीन हुआ मन एक वस्तु के चिंतन से नाश को प्राप्त होता है।

व्याख्या—विक्षिप्त मन को तत्काल शांत करने के लिए प्राणायाम एक अच्छा उपाय है। इससे मन की समस्त वृत्तियाँ थोड़ी देर के लिए शांत हो जाती हैं। लेकिन इस प्रकार से मन को शांत करना यह अंतिम लक्ष्य नहीं है, क्योंकि प्राणायाम से शांत किए हुए मन पर जहाँ प्राणायाम का नियंत्रण हटता है तो तुरंत ही मन की समस्या ज्यों की त्यों दिखाई देती है। जिसकी वजह से संसार व उसकी पीड़ाएँ है, वह वृत्तियों का होना नहीं है। यदि संसार रूपी समस्या का कारण समझ लिया जाए तो संसार की निवृत्ति भी हो जाएगी। अपने बारे में क्षुद्रता की अस्मिता की वजह से संसार हुआ करता है। पहले अपने बारे में छोटेपन की कल्पना होती है, उसके उपरांत बाह्य वस्तु, व्यक्ति और परिस्थिति को क्षुद्रता की निवृत्ति के लिए हेतु मान लिया जाता है। समस्त प्रयासों के बावजूद क्षुद्रता की अस्मिता समाप्त नहीं हो पाती है, क्योंकि अपना छोटापना अज्ञान की वजह से मन की कल्पना मात्र ही है। समस्त शास्त्र का यह उद्‌घोष है कि हर जीव वस्तुतः जगत् का आधारभूत एक मात्र ब्रह्म तत्त्व ही है। अज्ञान की वजह से ही अपने बारे में भिन्न कल्पना की गई होती है। यह अज्ञान बुद्धि के अंतर्गत है, अतः शास्त्रों का गुरुमुख से श्रवण करके ज्ञानवृत्ति जगाई जाती है। यह ज्ञानवृत्ति ही अज्ञान की नाशक होती है। इस एक तत्त्व के चिंतन से अज्ञान का नाश हुआ कि जो मन समस्या कारक था वह नष्ट हो जाता है। समस्त वृत्तियों के पीछे जो आधारभूत वृत्ति अपने बारे में अपूर्णता की निश्चय रूपी हुआ करती थी, वह अब नहीं रहती है। उसके स्थान पर समस्त वृत्तियों की आधारभूत पूर्णता का निश्चय हो जाता है। ऐसी पूर्णता के कार्य रूप उत्पन्न जो भी वृत्तियों रूपी मन है, उसके अस्तित्व का कोई संसार व उसकी पीड़ाएँ नहीं होती हैं।

श्लोक-15

संगति—पिछले श्लोक में महर्षिजी ने बताया कि जिस मन का प्राण के बंधन से लय किया था, वह मन अज्ञान से युक्त था। ऐसे शांत मन के द्वारा यदि स्वस्वरूप रूप एक तत्त्व का चिंतन किया जाए तो मन का नाश अर्थात् मन के जिस विकार की वजह से संसार था, अज्ञान रूप दोष का नाश होता है। अब आगे के श्लोक में ऐसे नाश को प्राप्त मन से युक्त योगी को क्या फल प्राप्त होता है, वह बताते हैं।

नष्टमानसोत्कृष्टयोगिनः।
कृत्यमस्ति किं स्वस्थितिं यतः॥

अन्वयार्थ—उत्कृष्ट योगिनः-उत्कृष्ट योगी का, नष्ट मानस-मनोनाश होता है, किं-क्या, कृत्यम्-करने योग्य, अस्ति-होता है, यतः-क्योंकि, स्वस्थितिं-स्वस्वरूप में स्थिति है।

श्लोकार्थ—जब उस उत्कृष्ट योगी का मन नष्ट हो जाता है, संसार के जनक दोष की निवृत्ति हो जाती है, तब वह कृतकृत्य हो जाता है, क्योंकि वह स्वस्वरूप में स्थित हो जाता है।

व्याख्या—प्रत्येक मनुष्य किसी-न-किसी स्तर पर कुछ-न-कुछ करने के लिए विवश देखा जाता है। यह करना भौतिक जगत् के विषय की प्राप्ति के लिए हो सकता है अथवा व्यक्तित्व के विविध स्तर से अंतर्मुख होकर मन को समाहित करने की दिशा में विविध साधना रूप हो सकता है। यह मन को समाहित करके अंतर्मुख होने की साधना योग कहलाती है। योग का आश्रय लेनेवाला योगी व्यक्तित्व के विविध स्तर पर कर्तव्य रूप से प्रयास करता है। ये समस्त योगीजन आदरणीय हैं, किंतु महर्षिजी, जिसका मन नष्ट हो गया है, उसे ही उत्कृष्ट योगी कहते हैं। समस्त योग का पर्यवसान मन को नष्ट कर देने के गंतव्य में ही होता है। इसके उपरांत किसी प्रकार के भी योग की अनावश्यकता हो जाती है। इसका कारण यह है कि मन में जब तक अज्ञान से जनित अपूर्णता होती है, तब तक मन पूर्ण रूप से समाहित नहीं हो

पाता है, क्योंकि कर्म के पीछे कारण अपनी अपूर्णता की अस्मिता है। जब तक यह बनी रहती है, तब तक अपने बारे में कर्तृत्व भोक्तृत्व रूप अभिमान तथा जगत् के प्रति सत्यता की बुद्धि होती है और कुछ-न-कुछ कर्तव्य शेष रहता है। जिसके अंदर यह अज्ञान समाप्त होता है, उसका मनोनाश हो जाता है, अर्थात् मन की तात्त्विक रूप से समाप्ति नहीं, किंतु मन में अपने बारे में जो कर्तृत्व-भोक्तृत्वादि रूप अपूर्णता की अस्मिता थी, जिसकी वजह से यह संसार का दुश्चक्र हुआ करता है, उस अस्मिता की समाप्ति होती है। यह अस्मिता अपने स्वस्वरूप के अज्ञान की वजह से थी। अज्ञान का अर्थ होता है अपनी पूर्णस्वरूपता के बारे में अनभिज्ञता तथा उसके कार्य रूप संसार का अर्थ होता है अपने बारे में अपूर्णता की मान्यता के साथ ही बाह्य विषयों में से पूर्णता की प्राप्ति के लिए व्यर्थ प्रयास करना। जहाँ अज्ञान समाप्त हुआ तो अपनी पूर्णस्वरूपता में स्थिति हो जाती है, जिसके फलस्वरूप अब संसार की समाप्ति हो जाती है, तथा अपने स्वार्थ के लिए अथवा कुछ भी पाने के लिए कुछ भी करना अनावश्यक हो जाता है। अपनी पूर्णता में स्थिति ही स्वस्थिति है तथा अज्ञान व तज्जनित कार्य की समाप्ति ही मनोनाश है। ऐसा योगी धन्यता से युक्त होकर इस जगत् में विचरण करता है। वह ही कृतकृत्य है।

श्लोक-16

संगति—पिछले श्लोक में महर्षिजी ने बताया कि जो योगी अज्ञान का नाश करके स्वस्वरूप को प्राप्त हो गया है, उस नष्ट मन वाले योगी के लिए कुछ भी करने वा न करने योग्य शेष नहीं रहता है। अब आगे के श्लोक में महर्षिजी बताते हैं कि समस्या युक्त मन का नाश किस तरह से होता है।

दृश्यवारितं चित्तमात्मनः।
चित्त्वदर्शनं तत्त्वदर्शनम्॥

अन्वयार्थ—दृश्यवारितं-दृश्य से परावृत्त, आत्मनः-अपने, चित्तम्-चित्त को, चित्त्वदर्शन-चित् स्वरूपता का दर्शन, तत्त्वदर्शनम्-तत्त्व का दर्शन है।

श्लोकार्थ—अपने चित्त को दृश्य से परावृत्त करने पर, चित के तत्त्व, अर्थात् अपनी चैतन्य स्वरूपता का बोध होता है। यह ही तत्त्व का दर्शन है।

व्याख्या—मन में विद्यमान अज्ञान ही मनुष्य के बंधन और मोक्ष का कारण होता है। अज्ञान का नाश 'एक' तत्त्व का चिंतन कर उसका ज्ञान प्राप्त करने से ही होता है। यहाँ पर उसी 'एक' के चिंतन का स्वरूप बताया जा रहा है। मन अर्थात् चित्त, जिसमें अनेक प्रकार की वृत्तियों का भान होता है। ये वृत्तियाँ सतत बदलती रहती हैं। कभी ये दृश्य पदार्थ विषयक होती हैं तो कभी भावनात्मक। ये समस्त वृत्तियाँ हम से पृथक् दृश्य रूपी हैं तथा हम उसके जान्नेवाले दृष्टा हैं। दृश्य में सतत परिवर्तन होता है, किंतु उसको जाननेवाला द्रष्टा अव्यभिचारी सर्वथा समान बना रहता है। इस श्लोक में दो मिलते-जुलते शब्द के प्रयोग हुए हैं, वे हैं—चित्त और चित्त्व। चित् अर्थात् चेतनता तथा चित्त्व अर्थात् चेतन स्वरूपता। चेतनता प्रकाश स्वरूप तत्त्व है। जिस प्रकाश में मन की विविध वृत्तियाँ प्रकाशित होती हैं। यह चेतनता जिस समय नाम-रूपात्मक पदार्थ के आकार की होती है, तो वह दृश्य विषयक वृत्ति बन जाती हैं एवं चेतनता में नाम-रूप जुड़ जाने पर वह ही मन कहलाता है। जिस समय मन में किसी भी नाम-रूपात्मक पदार्थ की वृत्ति आती है और चेतनता उस वृत्ति को प्रकाशित करती है, तब वह ही द्रष्टा कहलाती है एवं इस मन (चित्त) के ये द्रष्टा और दृश्य रूप दो पहलू होते हैं। दृश्य में विविधता है तथा व्यभिचारिता है। इसलिए दृश्य को मिथ्या जानना चाहिए। इस दृश्य को जब मिथ्या जानते हैं अर्थात् दृश्य से अपने चित्त को परावृत्त करते हैं, तब हम जो दृश्य की अपेक्षा द्रष्टा कहलाते थे, उस द्रष्टा का भी द्रष्टत्व दृश्यवत् मिथ्या ही सिद्ध हो जाता है। तब जो रहता है वह प्रकाश मात्र ही है। वह ही चित् अर्थात् चेतनता है। चित्त में से नाम-रूपात्मक जड़ का मिथ्यात्व निश्चय होने पर द्रष्टत्व भी बाधित होकर अपनी चित् स्वरूपता में अर्थात् अव्यभिचारी प्रकाश स्वरूपता में जगता है। यह दृश्य से रहित चेतनस्वरूपता को जानकर उसमें स्थित होना ही तत्त्व का दर्शन होता है। अपनी द्रष्टत्व आदि उपाधि को धारण कर स्वयं को सीमित मानकर संसारित्व को प्राप्त होते हैं हम और

इनका मिथ्यात्व निश्चय करके स्वस्वरूप में स्थित होने से ही संसार के बंधन से मुक्त होते हैं।

श्लोक-17

संगति—पिछले श्लोक में बताया गया कि दृश्य पदार्थों का मिथ्यात्व जानकर दृश्य से चित्त को परावृत्त कर देने पर अपने द्रष्टत्व का भी बाध होता है। इसी से अपनी चित् स्वरूपता में जागृति होती है। चित् स्वरूपता में जग जाना ही तत्त्व का दर्शन है। इसे जानना मन के ऊपर विचार करने से ही होता है। इसे महर्षिजी अगले श्लोक में दिखाते हैं।

मानसं तु किं मार्गणे कृते।
नैव मानसं मार्ग आर्जवात्॥

अन्वयार्थ—मानसं तु-मन, किं-क्या है, मार्गणे-अन्वेषण, कृत-करने पर, न एव-नहीं ही, मानस-मन, मार्ग-मार्ग, कृते मानसं आर्जवात्-सरल होने से।

श्लोकार्थ—यह मन क्या है, इस प्रकार विचार करने पर यह बात ज्ञात होती है कि मन नाम की किसी वस्तु की कोई स्वतंत्र सत्ता ही नहीं है। इस प्रकार विचार का मार्ग ही सरल मार्ग है। अर्थात् यह ही वह मार्ग है जो सीधे मुक्ति के प्रासाद में पहुँचाता है।

व्याख्या—प्रत्येक जीव स्वरूपतः मुक्त ही है अर्थात् आत्मा सदैव मुक्त है। आत्मा में न किसी प्रकार का अज्ञान है, अतः न किसी प्रकार का बंधन। तज्जनित संसार, समस्या केवल मन की ही है। अपनी अवस्थाओं पर विचार करने पर भी यह बात ज्ञात होती है कि सुषुप्ति अवस्था में जहाँ मन लय को प्राप्त हो जाता है, तब किसी प्रकार का संसार व बंधन नहीं होता, किंतु जिस समय जाग्रत् में आते हैं, तो मन का भान होता है, तब ही समस्त संसार रूप बंधन की अनुभूति हुआ करती है। उपनिषद् में बताया भी गया है कि 'मन एव मनुष्याणां कारणं बन्धमोक्षयोः।' मन ही मनुष्य के बंधन और मोक्ष के

लिए कारण है। अतः यह विचारणीय है कि यह मन क्या है, कहाँ से आया है, मन में अनुभूत बंधन का स्वरूप क्या है इत्यादि। मन अर्थात् जिसमें 'मैं' वृत्ति से आरंभ करते हुए समस्त बंधन का अनुभव हो रहा है। जिस समय इस मन के बारे में विचार किया जाता है कि आखिर यह मन क्या है तो यह ही निष्कर्ष निकलता है कि मन नाम की किसी वस्तु की कोई स्वतंत्र सत्ता ही नहीं है। इस मन पर विचार करने के लिए आवश्यक है कि मन शांत व विरक्त हो। इसमें विचार करने की सामर्थ्य होनी चाहिए। इसके लिए पहले मन को कर्मयोग और उपासना के माध्यम से शांत, निर्मल व सात्विक बनाया जाता है। तत्पश्चात् इसे तत्त्वचिंतन में लगाया जाता है। उस समय यह विचार का विषय नहीं है कि मन शांत कैसे हो, मन के दोषों को निवृत्त कैसे किया जाए , परंतु अब विचार का विषय यह होता है कि इन सबके पीछे क्या कारण है, उस कारण की निवृत्ति की दिशा में ही पुरुषार्थ लगाया जाता है एवं मन के बारे में गहराईपूर्वक विचार करने पर मन रहता ही नहीं है। मन के बारे में विचार ही हमें सीधे मुक्ति के प्रासाद में प्रवेश दिलाती है।

श्लोक-18

संगति—पिछले श्लोक में महर्षिजी ने बताया कि मन के ऊपर विचार करने पर यह पता चलता है कि मन की अपनी कोई स्वतंत्र सत्ता ही नहीं है। इस मन पर किस प्रकार के विचार किया जाएँ, इस विचार का स्वरूप महर्षिजी अगले श्लोक में दिखाते हैं।

वृत्तयस्त्वहं वृत्तिमाश्रिताः।
वृत्तयो मनो विद्ध्यहं॥

अन्वयार्थ—वृत्तयः-वृत्तियाँ, तु-तो, अहं वृत्तिम्-'मैं' विद्ध्यहं, त्तं आश्रिताः-आश्रित है, वृत्तयः-वृत्तियों को, मनः-मन, विद्धि-जाने, अहं-मैं, मन—मन।

श्लोकार्थ—समस्त वृत्तियाँ 'अहं वृत्ति' पर आश्रित हैं। अतः 'अहं

वृत्ति' भी मन है, क्योंकि वृत्ति ही मन है।

व्याख्या—मन एक अद्‌भुत करण है। मन के जगते ही समस्त विचार प्रारंभ हो जाते हैं, और उसके लय होते ही सब विचार एवं भावनाएँ अनुपलब्ध हो जाती हैं। यदि मन को ठीक से समझा जाए तो वह आशीर्वाद बन जाता है और अगर उसे ठीक से नहीं समझा जाए तो इस दुनिया की सबसे बड़ी समस्या बन जाता है। वह ही हमारे बंधन एवं मोक्ष का कारण है। यह अभिशाप एवं आशीर्वाद की संभावना केवल ठीक ज्ञान के रहने या न रहने पर निर्भर हुआ करती है। अत: शास्त्र भी कहते हैं कि मन के बारे में प्रमाणपूर्वक विचार करने पर अपनी समस्त समस्याओं का समाधान प्राप्त हो जाएगा। मन कहते हैं वृत्तियों के प्रवाह को। वृत्ति उसे कहते हैं जिसके द्वारा हम किसी आंतरिक या बाहरी वस्तु का 'भान' उत्पन्न करते हैं। हमारे मन में ही विविध वस्तुओं का सतत भान उत्पन्न होता रहता है। यह भान निकट अथवा दूर वस्तु का, स्थूल व सूक्ष्म, वर्तमान व भूत-भविष्य का, सुखद वा दु:खद आदि किसी भी वस्तु का हो सकता है। ये वृत्तियाँ संकल्प-विकल्पात्मक, भावनात्मक अथवा ज्ञान-अज्ञान रूपी हो सकती हैं। वृत्तियाँ स्थायी नहीं होती हैं, ये तो मिथ्या की श्रेणी में ही आती हैं। अत: सत्य के बारे में जानना चाहिए। इसके लिए सर्वप्रथम मन को शांत करके देखें। जो भी अनुभूति हो रही है, उससे तादात्म्य छोड़कर देखें। जब बाकी समस्त वृत्तियाँ शांत होती हैं, तब उन समस्त वृत्तियों का उद्‌गम स्थान क्या है, उसकी तरफ ध्यान जाता है। इन वृत्तियों का आधार क्या है—समस्त वृत्तियों के गर्भ में एक वृत्ति विद्यमान रहती है, जो कि विविध वृत्तियों के आवागमन से अप्रभावित रहते हुए उसे प्रकाशित करती हुई विद्यमान रहती है, तथा इस वृत्ति के अभाव में अन्य वृत्तियों एवं विचारों का अस्तित्व नहीं रहता है। वह है—'मैं वृत्ति'। सुनवजयाुप्ति से जगने के उपरांत सर्वप्रथम 'मैं हूँ' यह वृत्ति आती है, तत्पश्चात् 'मैं क्या हूँ', 'मैं देख रहा हूँ'...इत्यादि वृत्तियाँ अस्तित्व में आती हैं। अर्थात् यह 'अहं वृत्ति' ही समस्त 'इदं वृत्तियों' की आधार है। जब तक मन रहता है, तब तक यह 'अहं वृत्ति' स्थायी रहती है। मन के अभाव

में यह 'अहं वृत्ति' का भी भान खत्म हो जाता है। यह 'अहं वृत्ति' हमारे मन की ही उपज है। इस 'अहं वृत्ति' को ही आधार बनाकर समस्त व्यक्तित्व निर्मित होता है। अत: इस 'अहं वृत्ति' की गहराई में जाकर उस पर विचार करना चाहिए। यदि इस 'अहं वृत्ति', जिससे हम तादात्म्य को प्राप्त करके अपने आपको एक व्यक्ति मात्र समझ रहे हैं, जिसकी वजह से अपने सीमित होने का भान होता है तथा ऐसे कल्पित व्यक्तित्व को आधार बनाकर जीने के क्या दुष्परिणाम होते हैं, इसे बहुत अच्छी तरह देखना चाहिए। इसी स्तर पर खड़े रहने के उपरांत खंड का अस्तित्व आता है, हम देशादि की सीमाओं में आ जाते हैं, अपूर्णता एवं दीनता होती है। अत: इसे अच्छी तरह से समझकर उसके सत्य के बारे में विचार करके देखना चाहिए। तब यह सीमित व्यक्तित्व बाधित होकर अपनी सत्य स्वरूपता का ज्ञान होता है, जिसमें किसी प्रकार की देश, काल, वस्तु की परिच्छिन्नता नहीं है। समस्त संसार के आधार इस 'अहं वृत्ति' पर विचार ही एक मात्र मुक्ति का तरीका है।

श्लोक-19

संगति—पिछले श्लोक में महर्षिजी ने बताया कि समस्त विषयपरक वृत्तियाँ अहंवृत्ति पर ही आश्रित हैं। अत: अहंवृत्ति ही मन है। अब अगले श्लोक में इस अहंवृत्ति के बारे में महर्षिजी आगे और बताते हैं।

अहमयं कुतो भवति चिन्वत:।
अयि पतत्यहं निजविचारणम्॥

अन्वयार्थ—अयं अहम्-यह मैं, कुत:-कहाँ से, भवति-अहं आता है, चिन्वत:-विचार करने पर, अयि-अरे, अहं पतति-अहं गिर जाता है, निजविचारणम्-अपने पर विचार करने पर।

श्लोकार्थ—यह अहं कहाँ से आता है, इस 'मैं' पर विचार करने पर एक आश्चर्यजनक तथ्य सामने आता है कि यह अहं ही गिर जाता है, अर्थात् उसका मानो अस्तित्व ही नहीं रहता है।

व्याख्या—'अहं वृत्ति' हमारे मन की ही उपज है। इस वृत्ति' को ही आधार बनाकर समस्त व्यक्तित्व निर्मित होता है। अत: इस 'अहं वृत्ति' की गहराई में जाकर उस पर विचार करना चाहिए। इस 'अहं वृत्ति', जिससे हम तादात्म्य को प्राप्त करके अपने आपको एक व्यक्ति मात्र समझ रहे हैं, जिसकी वजह से अपने सीमित होने का भान होता है और ऐसे कल्पित व्यक्तित्व को आधार बनाकर जीने के क्या दुष्परिणाम होते हैं, इसे बहुत अच्छी तरह देखना चाहिए। इसी स्तर पर खड़े रहने के उपरांत खंड का अस्तित्व आता है, हम देशादि की सीमाओं के दायरे में आ जाते हैं, अपूर्णता एवं दीनता होती है। अत: इसे अच्छी तरह से समझ कर इसके सत्य के बारे में विचार करके देखना चाहिए। तब यह सीमित व्यक्तित्व बाधित होकर अपने सत्य स्वरूपता का ज्ञान होता है, जिससे किसी प्रकार की देश, काल या वस्तु की परिच्छिन्नता नहीं रह जाती है। समस्त संसार का आधार इस 'अहं वृत्ति' पर विचार ही एक मात्र मुक्ति का द्वार है। यदि 'मैं' वृत्ति काल्पनिक है तो इस कल्पना का क्या आधार है। अत: महर्षिजी बताते हैं कि अब यह सोचना चाहिए कि इस 'मैं वृत्ति' का क्या सत्य है। प्रात: उठने के साथ ही सर्वप्रथम 'मैं वृत्ति' ही सिर उठाती है, तत्पश्चात् ही समस्त अन्यविषयक वृत्तियाँ आती हैं। किंतु साथ ही यह भी ध्यान देने की बात है कि यह 'मैं वृत्ति' का अस्तित्व ही तब ही आता है, जब मन जगता है। मन के अभाव में 'मैं वृत्ति' का भी अभाव होता है एवं इस वृत्ति का भी उतना ही सत्य है, जितना कि अन्य विषयक वृत्तियों का। इस अहं विषयक विचार शास्त्र को आधार बनाकर, गुरु के चरणों में बैठकर उनके श्रीमुख से श्रवण करना चाहिए। जब इस पर गहराई से विचार होता है, तब यह एक आश्चर्यजनक तथ्य सामने आता है कि यह अहंकार टिकता ही नहीं है। विचार के अभाव में ही यह अपने साम्राज्य को स्थापित करते हुए समस्त संसार को प्रसारित करता है। इस विचार का क्या स्वरूप होना चाहिए, उसकी चर्चा आगे के श्लोक में की जाएगी।

श्लोक-20

संगति—पिछले श्लोक में महर्षिजी ने बताया कि अहं कहाँ से आता है, इस 'मैं' पर प्रामाणिक तरीके से विचार करने पर उसका मानो अस्तित्व ही नहीं रहता है। यदि अहं का नाश हो गया तो क्या शून्यता की अवस्था प्राप्त होगी, इस विषय पर महर्षिजी अब यहाँ चर्चा करते हैं।

अहमि नाशभाज्यहमहंतया।
स्फुरति हृत्स्वयं परमपूर्णसत्॥

अन्वयार्थ—अहमि-अहं के, नाशभाजी-नाश होने पर, अहं-अहंतया-मैं की तरह से, हृत्-साररूप, परम पूर्ण सत्-परिपूर्ण सत् तत्त्व, स्वयं-स्वयं, स्फुरति-स्फुरित होता है।

श्लोकार्थ—अहं के नाश होने पर उसका साररूप परिपूर्ण सत् तत्त्व अहं की तरह से स्फुरित होता है।

व्याख्या—प्रत्येक व्यक्ति के मन में 'अहं वृत्ति' का स्फुरण होता है। यह वृत्ति मन के अस्तित्व में आने पर भान होती है तथा मन के अभाव में इस वृत्ति का भान नहीं होता है। इस वृत्ति का भान होना मन का स्वभाव है तथा इसके स्फुरित होने में कोई समस्या भी नहीं है। जैसे दर्पण जब तक है, तो प्रतिबिंब का भान बना रहता है, उसका प्रयोग भी होता है, इसका होना कोई समस्या नहीं है। समस्या तो तब होती है कि प्रतिबिंब के धर्मों को अपना धर्म मान लिया जाए। जिस समय 'मैं वृत्ति' का भान होता है, तो वह किसी-न-किसी बाह्य वस्तु, व्यक्ति अथवा परिस्थिति के साथ तादात्म्य करके उसके माध्यम से अपनी सीमित तथा विकारी अस्मिता प्राप्त करता है। अपने बारे में सीमित अस्मिता ही संसार व दुःख का कारण बनती है। इसके लिए प्रथम सोपान पर तो अपनी बाह्य वस्तु आदि से प्राप्त अस्मिता के ऊपर विचार करते हुए यह निश्चय करना चाहिए कि समस्त दृश्य पदार्थों से हम पृथक् उसके साक्षी-द्रष्टा स्वरूप हैं। हम साक्षी होने की वजह से उनके धर्मों से अप्रभावित हैं। अपने बारे में समस्त दृश्य पदार्थों के साक्षी होने का निश्चय

किया जाता है, तो न किसी दृश्य के रहने व न रहने का संकल्प होता है, न ही किसी परिवर्तन की अपेक्षा होती है। हम ऐसे निरपेक्ष द्रष्टत्व को प्राप्त होते हैं। अपने आप को द्रष्टा समझने का परिणाम यह होता है कि हम निरपेक्षत्व से युक्त हो जाते हैं और हममें बाह्य परिस्थितियों में अप्रभावित रहने की सामर्थ्य उत्पन्न हो जाती है, किंतु अभी भी अपनी अस्मिता तो सीमित ही है। हम साक्ष्य पदार्थ की अपेक्षा साक्षी हैं। अर्थात् अभी भी अस्मिता दृश्य पदार्थों के माध्यम से ही प्राप्त होती है। अत: अपने से पृथक् समस्त (अपनी देहादि उपाधि समेत) दृश्य पदार्थों की अनित्यता की वजह से उसे मिथ्या जानें। जब समस्त साक्ष्य पदार्थ ही मिथ्या हैं, यह जाना तो हमारा साक्षी होना भी मिथ्या ही सिद्ध हो जाता है। साक्षी साक्ष्य की अपेक्षा, द्रष्टा दृश्य की अपेक्षा से ही होता है। जब दृश्य नहीं है, तो द्रष्टापना भी नहीं होता है। द्रष्टा एक परिवेश मात्र था। परिवेश के त्याग से जो परिवेश धारण करनेवाला है, वह समाप्त नहीं होता है, किंतु वह तो समस्त परिवेश से रहित एक अखंड सत्ता बनकर स्थित रहता है, जिसमें द्रष्टा-दृश्य-दर्शन आदि रूप समस्त खंड का अभाव है। इस प्रकार अहं के नाश का स्वरूप उसका अभाव नहीं है, किंतु उसके द्वारा धारण किए गए सापेक्ष व कल्पना के आधार पर टिकी हुई सापेक्ष अस्मिता मात्र का त्याग है। इस झूठी अस्मिता के त्याग के उपरांत हम जो शेष रहते हैं, वह समस्त देशादि की सीमाओं से परे, परिपूर्ण, अखंड सत्ता मात्र ही रहती है।

श्लोक-21

संगति—पिछले श्लोक में महर्षिजी ने बताया कि दृश्य पदार्थों का मिथ्यात्व जानकर दृश्य से चित्त को परावृत्त कर देने पर अपने द्रष्टत्व का भी बाध होता है। इसी से अपनी चित् स्वरूपता में जागृति होती है। चित् स्वरूपता में जग जाना ही तत्त्व का दर्शन है।

इदमहंपदऽभिख्यमन्वहम्।
अहमि लीनकेऽप्यलयसत्तया॥

अन्वयार्थ—इदं-यह, अहं-मैं, पद-पद से, अभिख्य-अभिव्यक्त, अनु-अहम्-अहं में, अहमि-अहं के, लीनक-लीनके लीन होने पर, अपि-भी, अलय सत्तया-अलय सत्ता की तरह।

श्लोकार्थ—यह अहं (जो अभिव्यक्त हो रहा है, उस अहं) को केंद्र में रखकर जब शोध किया जाए, तो उसका लक्ष्यार्थ वह होता है, जो अलय सत्तावाला तत्त्व है। जब यह अहं लीन भी होता है, उस समय भी यह अलय सत्ता ही विद्यमान है।

व्याख्या—अपने स्वस्वरूप के ज्ञान के लिए साधक को अंतर्मुख होकर विचार करना चाहिए। जिस समय अंतर्मुख होते हैं तो यहाँ अंतःकरण में बहुत ही स्पष्ट वृत्ति रूप से 'मैं' का भान होता है। यह अहं वृत्ति का भान अंतःकरण के आने के उपरांत ही होती है। सुषुप्ति अवस्था में अंतःकरण के अभाव में यह वृत्ति भी लुप्त हो जाती है। इस वृत्ति का उदय और अस्त बहुत अच्छी तरह से जाना जा सकता है। किंतु इस वृत्ति के दो पहलू हैं। एक पहलू ऐसी वृत्ति रूपा है, जिसे आधार बनाकर समस्त विषयाकार वृत्तियाँ हुआ करती हैं। दूसरा पहलू वह होता है, जो इस 'मैं' की वृत्ति का आधारभूत है। यह इस वृत्ति की अभिव्यक्ति को भी सत्ता व स्फूर्ति प्रदान करता है। वह चेतन सत्ता इस वृत्ति के आविर्भाव और तिरोभाव से आविर्भूत और तिरोहित नहीं होती है। वह ही इस अहं वृत्ति का सत्य है। इस प्रकार 'मैं वृत्ति' पर विचार करने पर इसके दो पहलू सामने आते हैं, एक नित्य और दूसरा अनित्य पहलू है। अनित्य पहलू रूप में 'मैं' वृत्ति के मिथ्या जानने पर उसके अधिष्ठान रूप एक अलय सत्ता रहती है। जैसे दर्पण के सामने होने पर प्रतिबिंब रूप से भान होता है, किंतु दर्पण के अभाव में प्रतिबिंब से रहित बिंब की सत्ता बनी रहती है।

श्लोक-22

संगति—पिछले श्लोक में महर्षिजी ने बताया कि अहं के बाधित होने पर 'मैं' की तरह से स्थित एक अलय सत्ता ही अवशिष्ट रहती है। यह

ही सत्य है। अब इस सीमित व काल्पनिक 'मैं' के ऊपर से अध्यारोप का अपवाद करने का तरीका आगे के श्लोक में बता रहे हैं।

विग्रहेन्द्रियप्राणधीतमः।
नाहमेकसत्तज्जडं ह्यसत्॥

अन्वयार्थ—देह विग्रह-शरीर का विग्रह, इन्द्रिय-इंद्रिय, प्राणधीतमः-प्राण, बुद्धि, अज्ञान, न अहम-हम नहीं हैं, एक सत्-एक सत् तत्त्व है, तत् जडं—वह जड़ है, हि असत्-असत् स्वरूप।

श्लोकार्थ—हम यह शरीर रूप विग्रह नहीं हैं, न हम इंद्रियाँ हैं, न प्राण, बुद्धि और अंधकार स्वरूप हैं, किंतु हम एक सत् स्वरूप हैं। यह प्राणादि तो जड़ और असत् रूप हैं।

व्याख्या—जहाँ पर भी अज्ञान होता है, वहाँ विपरीत भावनाएँ होना स्वाभाविक होती हैं। हमने अपने स्वरूप को नहीं जानने के कारण अपने बारे में विविध प्रकार की कल्पनाएँ की हैं, जैसे रस्सी में साँप की कल्पना होती है। अतः सत्य को जानने के लिए अध्यारोप को अध्यारोप की तरह जानना होगा। उसके बाद ही शास्त्र प्रमाण से सत्य का निश्चय हो सकता है। इसके लिए आवश्यक है कि हमने अपने बारे में जो कुछ भी मान्यताएँ रखी हैं, उनके बारे में पुनर्विचार किया जाए। हमारी विपरीत धारणाओं में सर्वप्रथम अपने स्थूल शरीर को 'मैं' मान लिया जाता है। यह स्थूल शरीर दृश्य है, नाशवान है, अतः जड़ है। यह हम कैसे हो सकते हैं, यह स्थूल शरीर हम नहीं हैं। इसी प्रकार इंद्रियाँ और प्राण भी हम नहीं हैं। हमारी इंद्रियों और प्राणों में सतत परिवर्तन होता है। जिसमें भी विकार होता है वह तो मिथ्या होता है। इन समस्त परिवर्तनों को हम जानते हैं, हम उनके द्रष्टा हैं, यह सब हमारे लिए दृश्य रूप है। दृश्य होने की वजह से यह सब जड़ है।

हम एक हैं और यह इंद्रियाँ दस और प्राण पाँच हैं। अतः यह भी हम नहीं हो सकते। हम अपने मन व बुद्धि के भी द्रष्टा हैं। यह हमारे लिए दृश्य व परिवर्तनशील है। इसे हम जानते हैं। समस्त उपाधियाँ पंचमहाभूत की ही

बनी हुई हैं एवं किसी भी दृष्टि से विचार करें तो उनकी जड़ स्वरूपता सिद्ध होती है। इस प्रकार से विचार करते हुए यह निश्चय करें कि समस्त उपाधियाँ जड़ स्वरूप एवं विकारी हैं। वे दृश्य हैं, अतः ये सब हम नहीं हैं। जिस समय यह निश्चय करते हैं कि ये उपाधियाँ, जो कि परिवर्तन के दायरे में ही स्थित हैं, हम नहीं हैं, तो उस समय उपाधियों के अंतर्गत हो रहे परिवर्तन से मन में हर्ष और शोक का अभाव होना चाहिए। इन उपाधियों में आत्मबुद्धि होने पर उनमें हो रहे परिवर्तनादि से तथा उनके लिए निर्मित अनुकूलता-प्रतिकूलता पर ही सुख व दुःख आश्रित हो जाता है। ऐसे में यह हम नहीं हैं, इस प्रकार निश्चय विचारपूर्वक करना चाहिए। हम इन सबको व्याप्त करनेवाले एक अविकारी चेतन सत्ता हैं, यह निश्चय करना चाहिए।

श्लोक-23

संगति—पिछले श्लोक में महर्षिजी ने बताया कि हमने अपने शरीरादि उपाधियों में अज्ञानवशात् आत्मबुद्धि उत्पन्न की हुई है। अतः यह निश्चय करें कि हम देहादि उपाधियाँ नहीं हैं, किंतु हम सत् स्वरूप हैं तथा यह प्राणादि तो जड़ और असत् रूप हैं। अब महर्षिजी आत्मा की सत-चित् स्वरूपता को और स्पष्ट करते हैं।

सत्त्वभासिका चित्क्ववेतरा।
सत्तया हि चिच्चित्तया ह्यहम्॥

अन्वयार्थ—सत्त्वभासिका-सत् स्वरूप को प्रकाशित करनेवाली, चित्-चेतनता, क्व-कहाँ, इतरा-भिन्न है, सत्तया-सत् रूप से, चित्-चेतनता है, चित्तया-चित् रूप से, हि अहम्-हम ही हैं।

श्लोकार्थ—सत् स्वरूप तत्त्व को प्रकाशित करनेवाली चेतनता क्या कोई और हो सकती है? सत् रूप से चेतनता ही विद्यमान है तथा वह चेतनता हम ही हैं।

व्याख्या—जगत् के प्रत्येक नाम-रूप के अस्तित्व का भान होता है

अर्थात् प्रत्येक वस्तु की सत्ता होती है। इस समस्त का कभी भाव होता है तो कभी अभाव। इन भाव अभाव को प्रकाशित करनेवाली हमारी सत्ता उनके भाव के समय भी और उनके अभाव के समय भी बनी रहती है। हम बाकी समस्त को प्रकाशित करनेवाले प्रकाशक उनसे पृथक् हैं। यह बात जगत् के पदार्थ के संदर्भ में तो दिखती है कि सबकी सत्ता को प्रकाशित करनेवाला प्रकाशक 'हम' उससे कहीं भिन्न देश व काल में होता है, अर्थात् सत्ता और उसके प्रकाशक का भेद होता है। यहाँ प्रश्न यह होता है कि हमारी सत्ता को प्रकाशित करनेवाला प्रकाशक कौन है? क्या वह हमसे भिन्न देश व काल में स्थित है, किंतु विचार करने पर इस आत्मा के स्तर पर यह सत्ता और प्रकाशक का भेद कल्पित सिद्ध होता है। (जगत् को सत्य मानने के उपरांत ही उसकी सत्ता को पृथक् स्वीकार किया जाता है, तथा अपना जीवरूप से अस्तित्व स्वीकार करके उनका प्रकाशक स्वयं को मानने लगते हैं, तथा देश, काल व वस्तु आदि रूप भेद को स्वीकार किया जाता है।) सत् को प्रकाशित करनेवाली चेतनता को उससे अलग होने के लिए कहीं भिन्न देशस्थ या कालस्थ नहीं होना चाहिए। सत् होने का अभिप्राय है कि सदैव होना चाहिए—हर देश और हर काल में। यदि सत्ता सदैव है, तो उसे कौन जानता है, जो भी इसे जानता है उस प्रकाशक अर्थात् चेतनता को सदैव होना चाहिए। चेतनता की चेतनस्वरूपता तब ही सिद्ध होती है, जब उसका अस्तित्व तीनों कालों में होता हो, अर्थात् हमारा अस्तित्व सदैव है। हम ही सत् स्वरूप हैं, तथा हम ही सबको जाननेवाले चित्स्वरूप हैं। हम-चेतनता और सत्ता यह कोई दो पृथक्-पृथक् वस्तुएँ नहीं होती हैं। चेतनता ही सत् है, और सत् ही चेतनता है। ये दो आत्मा के गुण भी नही हैं। किंतु ये अपने स्वरूप को जानने के लिए दो लक्षणाएँ हैं। इन लक्षणाओं पर विचार करने पर उसका पर्यवसान 'मैं' अर्थात् अपने पूर्णस्वरूप ज्ञान में होना चाहिए। जो भी अपने आपको सत्चित् स्वरूप जान लेता है वह औपाधिक व व्यक्तित्व के परिवर्तनों से कभी हर्षित व शोकाकुल नहीं होता है तथा जन्म-मृत्यु रूपी विकारों से भयभीत नहीं होता है, क्योंकि हम सदैव अविकारी रूप से इन

सबको जाननेवाले सत् चित् स्वरूप आत्मा हैं। सत् स्वरूप तत्त्व को प्रकाशित करनेवाली चेतनता कोई और नहीं हो सकती है। सत् ही चित् है तथा यह चित् हम ही हैं।

श्लोक-24

संगति—पिछले श्लोक में महर्षिजी ने बताया कि सत् स्वरूप तत्त्व को प्रकाशित करनेवाली चेतनता कोई और नहीं हो सकती है। सत् रूप से चेतनता ही विद्यमान है तथा वह चेतनता हम ही हैं। जिसको यह ज्ञान हो गया वह औपाधिक परिवर्तनों से हर्षित और शोकाकुल नहीं होता हैं, किंतु अभी भी द्वैत बना हुआ है। जब तक जीव और ईश्वर का भेद बना हुआ है, तब तक द्वैत का अस्तित्व भी बना हुआ है। अत: महर्षिजी आगे के श्लोक में बताते हैं कि जीव और ईश्वर का भेद मात्र औपाधिक दृष्टि से ही होता है।

ईशजीवयोर्वेषधीभिदा।
सत्स्वभावतो वस्तु केवलम्॥

अन्वयार्थ—ईशजीवयो:-ईश्वर और जीव में, वेषधीभिदा-वेष की बुद्धि से भेद है, सत् स्वभावत:-सत्स्वरूप, वस्तु-तत्त्व, केवलम्-एक ही है।

श्लोकार्थ—उपाधियों के भेद से ही ईश्वर और जीव में भेद है। सत्स्वरूप की दृष्टि से केवल एक ही वस्तु है अर्थात् अभेद है।

व्याख्या—जब तक हम से पृथक् किसी ईश्वर की सत्ता बनी हुई है, तब तक द्वैत ही बना हुआ है अर्थात् अपने आपको सत्स्वरूप जानने के बावजूद अभी भी हम जीव ही बने हुए हैं। हम जीव और ईश्वर का भेद एक व्यावहारिक सत्य है। जब जीव अपनी ओर देखता है तथा दूसरी ओर ईश्वर के बारे में सोचता है, तो यह ही बात दिखाई पड़ता है कि हम ईश्वर की सृष्टि में एक सृजन मात्र हैं। सृजन के अंदर कालत:, वस्तुत: और देशत: सीमाएँ हैं। हम सृष्टि हैं, वे स्रष्टा हैं। हम सीमित हैं, वे असीम हैं। हम कर्मकर्ता और कर्मफल के भोक्ता हैं और वे कर्मफलदाता हैं। हम सीमित सामर्थ्यों से

युक्त हैं, वे सर्व समर्थ हैं। इस तरह अपने अंदर क्षुद्र जीवत्व की अनुभूति और ईश्वर के सर्व-समर्थतादि गुणों से युक्त होना—यह सतही दृष्टि ईश्वर के बारे में भेद बुद्धि लाती है। यहाँ वे बताते हैं कि यद्यपि भेद की अनुभूति हो रही है, किंतु विचार करने पर यह बात दिखाई देती है कि यह होता है। जिस समय हम अपनी स्थूल शरीरादि उपाधि के साथ तादात्म्य करते हैं तो देश और काल की सीमाओं में बद्ध हो जाते हैं तथा उसके साथ हम, अर्थात् जीव, हमसे भिन्न जगत् तथा इसे बनानेवाले ईश्वर के भेद निर्मित हो जाते हैं। जैसे एक जीव अज्ञानवशात् इन स्थूल शरीरादि उपाधियों से युक्त होता है, वैसे ही इन जगदादि के सृष्टा ईश्वर भी माया रूपी उपाधि से युक्त हेाते हैं। इस माया उपाधि को ही धारण करके वे जगत् के सृष्टा ईश्वर कहलाते हैं तथा वे ही कर्मफलदाता आदि उपाधियों से युक्त हो जाते हैं। जिसे सत् कहा जाता है, वह तो एक ही होता हैं। उसमें कोई भेद नहीं है, किंतु जब वह अज्ञानवशात् सीमित उपाधियों से तादात्म्य करता है तो वह जीव कहलाता है और जब माया उपाधि से युक्त होता है तो वह ही ईश्वर कहलाता है, अर्थात् अज्ञान उपहित चेतनता ही जीव कहलाती है और माया से उपहित चेतनता ईश्वर है। जैसे एक ही जल तत्त्व जब ईश्वरतुल्य बड़ी उपाधि को धारण करता है तो वह समुद्र कहलाता है और समुद्र के अंतर्गत सीमित उपाधि से युक्त होने पर वह लहर नाम से जाना जाता है। दोनों का तत्त्व तो एक ही जल मात्र है। समुद्र और लहर में मूलरूप से कोई भेद नहीं हैं।

श्लोक-25

संगति—पिछले श्लोक में बताया गया कि उपाधियों के भेद से ही ईश्वर और जीव में भेद है। सत्स्वरूप की दृष्टि से केवल एक ही वस्तु है अर्थात् अभेद है। अतः प्रश्न होता है कि ईश्वर और जीव वस्तुतः एक ही तत्त्व है, तो उसको अनुभव कैसे किया जा सकता है! इस प्रश्न का समाधान आगे के श्लोक में दिया जा रहा है।

वेषहानतः स्वात्मदर्शनम्।
ईशदर्शनम् स्वात्मरूपतः॥

अन्वयार्थ—वेषहानतः-उपाधि बाधित होने पर, स्वात्मदर्शनम्-आत्मा का दर्शन होता है, ईशदर्शनम्-ईश्वर का दर्शन, स्वात्मरूपतः-आत्मा की तरह से होता है।

श्लोकार्थ—उपाधियों का अपवाद करने पर स्वस्वरूप आत्मा का दर्शन होता है। यह ही ईश्वर का दर्शन है। ईश्वर का दर्शन अपनी आत्मा की तरह ही होता है।

व्याख्या—समस्त शास्त्रों का तात्पर्य जीव और ईश्वर के एकत्व में होता है। तत्त्वमसि इत्यादि महावाक्यों के द्वारा अखंडता का ही बोध कराया जाता है। जीव का सत्य वही है, जो ईश्वर का सत्य है। इस सत्य को जानने के लिए जीव और ईश्वर, इन दोनों पद के ऊपर विचार किया जाता है, उसके बाद जो विरोधी अंश है, उसे त्यागा जाता है। आज अपने बारे में यह समझ है कि हम एक सीमित अपूर्ण व क्षुद्र जीव हैं, और हमें पूर्णता प्राप्त करनी है तथा यह श्रद्धा है कि यह पूर्णस्वरूप तत्त्व ईश्वर ही हो सकते हैं। एक भक्त जो भगवान् को अत्यधिक प्रेम करता है वह भी उनसे ऐक्य पाना चाहता है। परंतु यहाँ एक विडंबना यह है कि हम अपूर्ण व सीमित जीव कभी भी पूर्ण नहीं हो सकते हैं तथा आज जैसे भी हैं, वैसे ही बने रहकर ईश्वर से कभी भी ऐक्य स्थापित नहीं कर सकते हैं। इसके लिए सर्वप्रथम यह निश्चय करना पड़ेगा कि हम मूलरूप से पूर्ण हैं तथा आज जो भी हमारे विविध परिवेश हैं, वे अज्ञानवशात् अपने बारे में की गई कल्पना मात्र हैं। अतः शास्त्रोक्त प्रामाणिक ज्ञान का आश्रय लेकर अपने बारे में की गई अहंकार से लेकर देहादि पर्यंत की समस्त धारणाओं को बाधित करना होगा। जिस समय अपने ऊपर से समस्त वेश जो कि अपना अज्ञानवशात् सापेक्ष परिचय मात्र है, उसे बाधित किया तो एक मात्र चेतन सत्ता अवशिष्ट रहती है।

महर्षिजी बताते हैं कि 'वेषहानतः स्वात्मरूपतः' अपने जीवभाव का समस्त वेश समेत परित्याग होने पर अपने सत्यस्वरूप आत्मतत्त्व का ज्ञान

होता है। महर्षिजी बताते हैं कि ईश्वर का दर्शन भी आत्मा की तरह ही होता है। यदि ईश्वर हमसे पृथक् होंगे तो वे दृश्य होंगे तथा दृश्य होने की वजह से दृश्य के समस्त जड़त्व, विनाशत्व, विकारत्व आदि दोष से युक्त होना स्वाभाविक है, परंतु ईश्वर हमसे पृथक् नहीं हो सकते हैं। जहाँ जीवभाव रूप वेश बाधित हुआ तो जीव की अपेक्षा जिस ईश्वर का अस्तित्व था, वह ईश्वरत्व भी बाधित हो गया। अज्ञान से उपहित चेतनता जीव कहलाती है, तथा माया उपहित चेतनता ही ईश्वर कहलाती है। इस माया रूपी चोले की वजह से ही ईश्वर सर्वज्ञत्वादि सामर्थ्यों से युक्त होते हैं। जहाँ इस मायोपाधि को भी जीव की उपाधि की तरह मिथ्या जानकर परित्याग किया तो ईश्वर का सत्य भी यह चेतन सत्ता मात्र है, यह ज्ञात हो जाता है। जीव और ईश्वर में अन्योन्य सापेक्ष संबंध होता है। यह बाधित हो जाने पर एक अखंड चेतन सत्ता मात्र ही 'मैं' की तरह से विराजमान है, यह बात दिख जाती है। इस तरह जीव और ईश्वर की उपाधि के बाधित होने पर ईश्वर का दर्शन अपनी आत्मा की तरह हो जाता है। यह ही एकमात्र ईश्वर की प्राप्ति का तरीका है तथा अपनी समस्त सीमाओं से परे पूर्णस्वरूपता में स्थित होने का उपाय है। जिसे महावाक्य के द्वारा शास्त्रों में लक्षित किया गया है।

श्लोक-26

संगति—पिछले श्लोक में महर्षिजी ने बताया कि जीव और ईश्वर की उपाधि के बाधित होने पर ईश्वर का दर्शन अपनी आत्मा की तरह होता है। यह ही एकमात्र ईश्वर की प्राप्ति का तरीका है। अब ज्ञान में निष्ठा के स्वरूप के बारे में महर्षिजी बताते हैं।

आत्मसंस्थितिः स्वात्मदर्शनम्।
आत्मनिर्द्वयादात्मनिष्ठता॥

अन्वयार्थ—आत्मसंस्थितिः-आत्मस्वरूप में स्थिति, आत्मनिर्द्वयातात्-आत्मा अद्वयस्वरूप होने से, स्वात्मदर्शनम्-आत्म साक्षात्कार, आत्मनिष्ठता-आत्मनिष्ठा है।

श्लोकार्थ—आत्मा अद्वय होने से आत्मस्वरूप में सम्यक् स्थिति ही आत्मदर्शन है और यही आत्मनिष्ठा है।

व्याख्या—व्यवहार में साधारणत: दर्शन शब्द का प्रयोग होता है तो वहाँ हम दृश्य पदार्थ को बहुत स्पष्ट रूप से जानते हैं तथा दूसरा दर्शन में यह भाव होता है कि यह अंतिम प्रमाण है, उसमें कोई संदेह नहीं है; किंतु इन सभी अर्थों में भेद की कल्पना तो बनी ही रहती है। जब इसे ही दर्शन शब्द का अर्थ समझते हैं तो आत्मदर्शन अपने आप में गलत वाक्य सा प्रतीत होता है, क्योंकि जो आत्मा सबका दर्शन करती है, उस दर्शन करनेवाले का दर्शन कैसे हो सकता है? अत: आत्मा के दर्शन का क्या स्वरूप हो सकता है, यह विचारणीय है। आत्मदर्शन से यह अवश्य प्रतीत होता है कि अपने से पृथक् दर्शन है, किंतु यह बात यहाँ संभव नहीं है। फिर भी आत्मा को स्पष्ट एवं असंदिग्ध रूप से जाना जा सकता है, अत: दर्शन शब्द का प्रयोग किया गया है। लौकिक अनात्मा और आत्मा दर्शन दोनों में दर्शन शब्द का प्रयोग होता है, अर्थात् दोनों में बात स्पष्ट है, किंतु एक मूलभूत भेद है। एक में त्रिपुटी बनी हुई है तथा एक में त्रिपुटी का अभाव है। बिना त्रिपुटी के आत्मा कैसे देखी जाए? जो सबको देखनेवाली है उसे कैसे जानें—इस विशिष्ट दर्शन का स्वरूप बताते हुए उपनिषद् में कहा गया है कि उसके बारे में तत्त्वज्ञ से श्रवण करना चाहिए। विचारपूर्वक संशयों को दूर करें, उसके बारे में जो भी विपरीत भावना आती है, उसे बाधित करें, यह ही दर्शन का तरीका है। हम अपने बारे में 'हम हैं' यह तो जानते हैं, किंतु 'हम क्या हैं' उसके बारे में जो धारणा बनी हुई है, वह व्यभिचारी है, स्थिर नहीं है। बाल्यादि तथा जाग्रदादि अवस्था में विभिन्नता है, किंतु 'हम हैं', यह बात सब में समान रूप से अनुस्यूत है। इस 'मैं' पर ही कल्पनाएँ हो रही हैं। कोई भी कल्पना स्थिर नहीं है। ये समस्त धारणाएँ हमारे मन के द्वारा कल्पित हैं। यह कल्पित धारणाओं से युक्त अहं ही संसार का आधार है। कल्पना का अस्तित्व ही तब होता है कि जब अधिष्ठान को नहीं जानते हैं। समस्या यह नहीं कि हम आत्मा को नहीं जानते हैं, किंतु हम गलत जानते हैं। अत: साधना का स्वरूप यह है कि

हम अपने बारे में समस्त धारणाओं को दूर करके प्रमाण के द्वारा ज्ञान प्राप्त करें। आत्मा के ज्ञान के बारे में प्रमाण, उपनिषद् वाक्य ही हैं। उनका गुरुमुख से तात्पर्य निश्चय करते हैं कि जो समस्त दृश्य के साक्षी रूप द्रष्टा है, उसकी भी हम आत्मा हैं। अपने से पृथक् समस्त जगदादि दृश्य की आत्मा हम द्रष्टा हैं तथा सब के द्रष्टा रूप परिवेश की आत्मा हम हैं, क्योंकि यह हमारे द्वारा धारण किया हुआ कल्पित परिवेश मात्र है एवं आत्मदर्शन में स्वस्वरूप को स्पष्ट रूप से जानने के उपरांत सम्यक् स्थिति होती है। यह अपने बारे में सबके अधिष्ठान होने की स्पष्ट ज्ञानवृत्ति है, जिसे अखंडाकार वृत्ति भी कहा जाता है। जब यह नि:संदेह ज्ञान हुआ कि हम वह हैं, 'अहं ब्रह्मास्मि', वह ही आत्मसंस्थिति है। जहाँ अपने से पृथक् जानने की बात नहीं है। संस्थिति के पूर्ण क्षणों में हम प्रारंभ में अंतर्मुख होते हैं। उसके उपरांत विचारक भी आत्मज्ञान की अग्नि की वजह से बाधित हो जाता है। पहले स्वप्रकाश सत्ता का भान होता है, तदुपरांत हम ही वह स्वप्रकाश सत्ता होते हैं। यदि उस क्षण में कुछ कहा जा सकता है तो वह केवल हम ही हैं। अंततः इस वृत्ति की भी अनावश्यकता हो जाती है। साधक का कर्तव्य इस दृढ़-वृत्ति को बनाए रखने में होता है। वृत्ति की सहजता ही निर्विकल्प या सहज स्थिति की प्राप्ति कराती है। यह ही अहं ब्रह्मास्मि का अभिप्राय अर्थात् संस्थिति है। जिस समय संस्थिति सहज हो जाती है उसको ही ज्ञान में निष्ठा कहते हैं, यह ही मोक्ष है। निष्ठा के संदर्भ में महर्षिजी एक शब्द मात्र से समस्या का समाधान करते हैं कि 'आत्मनिर्द्वयात्'। जब तक द्वैत है, तब तक निष्ठा में समस्या होती है। जब तक आत्मा से पृथक् किसी चीज का अस्तित्व है, तब तक संस्थिति अन्य विषयक वृत्ति से च्युत हो जाती है। वस्तुतः तब तक आत्म शब्द का अर्थ समग्रता से नहीं देखा है। अभी भी अपने बारे में सीमित होने की समझ है। समग्र अर्थ केवल तब ही समझ में आता है, जब यह जान लेते हैं कि स्वप्रकाश सत्ता के लिए आत्मा शब्द प्रयोग अहं के सारभूत तत्त्व के लिए है।

श्लोक-27

संगति—पिछले श्लोक में महर्षिजी ने बताया था कि आत्मा अद्वय है, यह सम्यक् रूप से जानना ही आत्मदर्शन है और अद्वयता के निश्चय के कारण अन्य वृत्ति की असंभावना आत्मनिष्ठा का हेतु है। अद्वयता के निश्चय का आशय यह भी होता है कि हम अपने-आपको समस्त ज्ञात-अज्ञात वस्तुओं से परे समझने लगते हैं—

ज्ञानवर्जिताऽज्ञानहीनचित्।
ज्ञानमस्ति किं ज्ञातुमन्तरम्॥

अन्वयार्थ—ज्ञानवर्जिता-ज्ञान से रहित, अज्ञानहीन-अज्ञान से रहित, चित्-चैतन्य, ज्ञानम्-ज्ञान, किं-क्या, ज्ञातुम्-ज्ञाता से, अन्तरम्- भिन्न, अस्ति-है।

श्लोकार्थ—ज्ञान तथा अज्ञान से रहित चैतन्य ही शुद्ध ज्ञान है। इसे जानने के लिए उससे भिन्न क्या कोई ज्ञान हो सकता है।

व्याख्या—आत्मा के ज्ञान से ही मोक्ष होता है, किंतु आत्मा का ज्ञान किसे कहते हैं, यह समझना आवश्यक है। आत्मा अद्वय स्वरूप होने की वजह से उसका ज्ञान निश्चित रूप से लौकिक पदार्थों के ज्ञान की तरह नहीं हो सकता है। जगत् के प्रत्यक्ष व परोक्ष समस्त पदार्थों को या तो हम जानते हैं, अथवा नहीं, जिसे शास्त्रीय भाषा में विदित अथवा अविदित कहते हैं। विदित वह है जिसे हमने जाना है तथा अविदित वह है जिसे हम आज नहीं जान रहे हैं तथा जिसमें आज अविदित होने पर भी विदित होने की सामर्थ्य है। जब तक हमारे अंदर उन-उन विषयक ज्ञानवृत्ति उत्पन्न नहीं होती है, तब तक उसे अविदित की श्रेणी में रखा जाता है। जिन पदार्थों के हम ज्ञाता बनते हैं, उस विषयक वृत्ति हमारे अंतःकरण में स्पष्ट रूप से उद्भूत होती है, तब उसे विदित की श्रेणी में रखा जाता है। अविदित पदार्थ हमारे लिए अत्यंत अज्ञात हैं। वे हमारे लिए अत्यंत परोक्ष हो सकता हैं, किंतु आत्मा अर्थात् हम, जो सबको जाननेवाला है, वह कभी भी ज्ञान का विषय नहीं बन सकता

है—जिसकी वजह से हमारी बुद्धि सबको जानती है। जिसे हम नहीं जान रहे हैं, वह हमारे लिए अत्यंत परोक्ष हो सकता है। हमसे कहीं अन्य देश व काल में तथा अन्य वस्तु की तरह से है। उसके बारे में हमारे में अज्ञान है। हम जिसे नहीं जान रहे हैं, उस अज्ञान की वृत्ति के प्रति भी हम सभान हैं। अर्थात् अपने अंदर स्थित ज्ञान और अज्ञान दोनों यह 'मैं' जो ज्ञानस्वरूप है उसके प्रकाश में ही प्रकाशित होते हैं। वह 'हम', आत्मा, चेतन अर्थात् ज्ञानस्वरूप है। वह तो ज्ञान और अज्ञान दोनों का ही प्रकाशक है। इस ज्ञान और अज्ञान के विषय की अपेक्षा से ही उसे प्रकाशक अथवा ज्ञाता कहा जाता है। अन्यथा वह ज्ञान स्वरूप मात्र ही है। हम जो विषयों के प्रकाशक अथवा जाननेवाले हैं, वह प्रकाशक व ज्ञाता अंत:करण की उपाधि को धारण करने पर ही एक परिवेश मात्र है, अन्यथा हम प्रकाश अर्थात् ज्ञान स्वरूप मात्र ही हैं। हमसे भिन्न ज्ञाता की भी कोई स्वतंत्र सत्ता नहीं है। महर्षिजी यहाँ बता रहे हैं कि आत्मा लौकिक विषय की तरह अत्यंत ज्ञात भी नहीं है, जिसे हम ज्ञान का विषय बना सकें तथा आत्मा अत्यंत अज्ञान का भी विषय नहीं हैं, क्योंकि वह हम ही हैं। जो ज्ञाता के परिवेश में आज भासित हो रही है, वह ही हम एक अखंड चेतन सत्ता हैं। उस ज्ञातापन के अभिमान को बनाए रखकर नहीं जाना जा सकता है। ज्ञाता में जब ज्ञातृत्व का निषेध हो जाता है, अर्थात् अपने ज्ञानी या अज्ञानी होने के अभिमान एवं पीड़ाएँ समाप्त हो जाती हैं, तब हम शुद्ध चैतन्य की तरह से विद्यमान होते हैं। वह शुद्ध अद्वितीय चैतन्य ही हम हैं, 'हम' ज्ञान तथा अज्ञान से वर्जित हैं तथा हमसे पृथक् कुछ भी ज्ञेय नहीं है, यह निश्चय आत्म-ज्ञान है। इस प्रकार अद्वय स्वरूप आत्मा का ज्ञान होता है।

श्लोक-28

संगति—पिछले श्लोक में महर्षिजी ने बताया कि जब अपने ज्ञानी या अज्ञानी होने के अभिमान एवं पीड़ाएँ समाप्त हो जाती हैं, तब हम शुद्ध चैतन्य की तरह से विद्यमान होते हैं। वह शुद्ध अद्वितीय चैतन्य ही हम हैं, 'हम' ज्ञान तथा अज्ञान से वर्जित हैं तथा हमसे पृथक् कुछ भी ज्ञेय नहीं है, यह निश्चय ही

आत्म-ज्ञान है। इस प्रकार अद्वय स्वरूप आत्मा का ज्ञान होता है। ऐसे अद्वय स्वरूप आत्मा के दर्शन का क्या स्वरूप हो सकता है-यह आगे के श्लोक में महर्षिजी बता रहे हैं।

किं स्वरूपमित्यात्मदर्शने।
अव्ययाभवाऽऽपूर्णचित्सुखम्॥

अन्वयार्थ—किं-क्या, स्वरूपम्-स्वरूप है, आत्मदर्शने-आत्मा के दर्शन का, अव्यय अभव आपूर्ण चित्सुखम्-अव्यय, अभव परिपूर्ण, चैतन्य, सुखस्वरूप हूँ।

श्लोकार्थ—हमारा वास्तविक क्या स्वरूप है, इस पर विचार करने पर आत्मदर्शन होकर यह ज्ञात होता है कि मैं अव्यय, अभव, परिपूर्ण और चित्सुखस्वरूप हूँ।

व्याख्या—आत्मा के दर्शन का क्या स्वरूप हो सकता है! यदि हमने आत्मा का साक्षात्कार करके आत्मा को अद्वितीय स्वरूप जान लिया तो जानने का क्या स्वरूप होगा! इसके लिए यहाँ कुछ लक्षण प्रदान कर रहे हैं कि आत्मा अव्यय स्वरूप है, अर्थात् हम मूलरूप से अव्यय स्वरूप तत्त्व हैं, जहाँ किसी भी प्रकार के किन्हीं विकारों की संभावना नहीं है। अपने विषय में विकारों की संभावना का पूर्णतया अपवाद हो जाता है, अब औपाधिक स्तर पर हो रहे परिवर्तन-विकार आदि हमारे लिए कोई चिंता या सुख देने के निमित्त नहीं होते हैं। अपनी अद्वितीयता ही हमारे अव्ययस्वरूप होने का कारण है। हम अव्यय स्वरूप हैं, क्योंकि हम अभव स्वरूप हैं। अर्थात् हम अजन्मा हैं, हमारा कभी भी जन्म नहीं होता है, अत: जन्म से आरंभ करके मृत्युपर्यंत के समस्त विकार से रहित हम हैं। अपने आपको अभव जानने पर मृत्यु रूप भय से भी मुक्त हो जाते हैं। हम परिपूर्ण हैं। स्वरूप से ही हम पूर्ण हैं। क्योंकि हमारे अलावा कुछ अन्य का अस्तित्व ही नहीं है, जो हमें परिच्छिन्न करे। हममें समस्त देशादि परिच्छिन्नता का अभाव है। बाहर से कोई उपलब्धि हमारी पूर्णता में न तो वृद्धि कर सकती है और न ही ह्रास कर

सकती है। हमारी पूर्णता कहीं किसी अन्य पर निर्भर नहीं है। अतः हमारा समस्त औपाधिक व्यवहार मात्र पूर्णता की अभिव्यक्ति रूप ही होता है। हम चित्सुख अर्थात् हमारा सुख स्वतःसिद्ध है। सुख बाह्य अन्य पर निर्भर नहीं है। यह आनंद स्वरूपगत है। इस प्रकार ये समस्त लक्षण अद्वितीयता रूप अपने स्वरूप के साक्षात्कार के लक्षण रूप से भान होते हैं। यह ही मुक्ति है।

श्लोक-29

संगति—पिछले श्लोक में महर्षिजी ने बताया कि अपने वास्तविक स्वरूप पर विचार करने पर आत्मदर्शन होकर यह ज्ञात होता है कि मैं अव्यय, अभव, परिपूर्ण और चित्सुखस्वरूप हूँ। अब आगे के श्लोक में महर्षिजी मुक्ति का स्वरूप बताते हैं तथा उसे कौन प्राप्त कर सकता है, यह दिखाते हैं।

बन्धमुक्त्यतीत परं सुखम्।
विन्दतीह जीवस्तु दैविकः॥

अन्वयार्थ—बन्धमुक्ति अतीतं-बंधन और मुक्ति से परे, परं सुखम्-परम सुख को, दैविकः-दैवी गुणों से संपन्न, जीवः-जीव, विन्दति-प्राप्त करता है।

श्लोकार्थ—परम सुख बंधन और मुक्ति से परे है, इसे कोई दैवी गुणों से संपन्न जीव ही प्राप्त कर सकता है।

व्याख्या—जीव अपने आपको बंधन में पाता है और ज्ञान प्राप्त करके मुक्त हो जाता है। यदि जीव मुक्त होता है तो यह पूरी संभावना रहती है कि दुबारा बंधन में भी आ सकता है। अतः ऐसी मुक्ति तो आदि और अंतवान हो जाएगी, जो कि सांसारिक सुख की प्राप्ति के समान ही है एवं मुक्ति किसी काल विशेष में प्राप्त करनेवाली वस्तु या अवस्था नहीं है। बंधन और मुक्ति जीव की दृष्टि से होता है, जो अपने आपको देहादि उपाधियों से युक्त समझता है, काल की सीमाओं से परिच्छिन्न समझता है। जैसे पानी की एक लहर अपनी सत्यता को नहीं जानकर स्वयं को नाम-रूपात्मक उपाधि से

युक्त मानती है, तब ही उसके उत्पत्ति-नाश आदि देश व काल के अंतर्गत के समस्त विकार होते है। उससे अपने आपको वह बंधन में अनुभव करती है। किंतु वस्तुतः वह जल तत्त्व ही है, इस अपनी स्वस्वरूपता को जाना लिया तो जल की दृष्टि से किसी प्रकार का बंधन नहीं है, अतः मुक्ति भी नहीं है। वह मुक्त स्वरूप ही है। वैसे ही परमात्मा में बंधन और मुक्ति जीव की दृष्टि से कल्पित है। वस्तुतः आत्मा अर्थात् स्वरूपतः जीव बंधन और मुक्ति की कल्पना से परे है। जीव के स्वस्वरूप के अज्ञान की वजह से ही बंधन की कल्पना हो रही है। अतः ज्ञान से ही मुक्ति प्राप्त की जाती है, जहाँ यह निश्चय हो जाता है कि वस्तुतः हममें बंधन और मुक्ति दोनों ही अज्ञान की वजह से काल्पनिक हैं। जीव की दृष्टि से देखें तो यह बंधन अत्यंत सत्य ही प्रतीत होता है, इसलिए मुक्ति के लिए विविध प्रयास किए जाते हैं। बंधन में स्थित जीव को जगत् सत्य और अत्यंत सारवान प्रतीत हो रहा है, उसे यह तथ्य दिखाई ही नहीं पड़ सकता है कि बंधन और मुक्ति दोनों ही हममें कल्पना है और वस्तुतः हम मुक्त स्वरूप हैं। इस तथ्य को समझने के लिए विशेष पात्रता की आवश्यकता होती है, ऐसी पात्रता से युक्त जीव को ही यहाँ दैविक कहा गया है, जिसमें जगत् के विषयों की अनित्यता को जानने की वजह से उनके प्रति रागादि अर्थात् महत्त्व बुद्धि का अभाव हो गया है, जिसमें ईश्वर के प्रति श्रद्धा व भक्ति की वजह से निरभिमानता उत्पन्न हुई है। हर परिस्थिति के बारे में तटस्थता से विचार करने की सामर्थ्य विराजमान है। ऐसे सात्त्विक मन के अंदर अपनी सीमाओं के एहसास की वजह से उससे मुक्ति की कामना विराजमान है। वह सात्त्विक जीव ही इस ज्ञान को प्राप्त करके ऐसी बंधन और मुक्ति से परे वाली दिव्य अवस्था में जगने में समर्थ होता है।

श्लोक-30

संगति—पिछले श्लोक में महर्षिजी ने बताया कि परम सुख बंधन और मुक्ति से परे है, इसे कोई दैवी गुणों से संपन्न जीव ही प्राप्त कर सकता है। ऐसे महान् लक्ष्य की सिद्धि के लिए निश्चित रूप से महान् प्रयास की

अपेक्षा होगी। ऐसी शंका हो तो महर्षिजी उसका समाधान करते हैं तथा इस ग्रंथ का उपसंहार भी करते हैं।

अहमपेतकं निजविभानकम्।
महदिदं तपो रमणवागियम्॥

अन्वयार्थ—अहम् अपेतकं-अहंकार से रहित, निजविभानकम निजविभानकम्-स्वप्रकाशस्वरूपता, इदं-यह, महद्-महान, तपः-तप, इयम्-यह, रमण-रमण महर्षि की, वाक्-वाणी है।

श्लोकार्थ—अहंकार से रहित, स्वप्रकाशस्वरूपता में जगना ही महान् तप है, यह ही 'रमण' की वाणी है।

व्याख्या—शिवपुराण के अंतर्गत के प्रसंग में महादेवजी उन तपस्वी ब्राह्मणों को जो उपदेश दे रहे थे, उन उपदेशों का क्या स्वरूप होगा, इसका महर्षिजी ने इस उपदेश सार ग्रंथ में प्रतिपादन किया। ग्रंथ आरंभ करते हुए महर्षिजी ने बताया कि कर्म, उपासना, योग आदि समस्त साधन चित्तशुद्धि हेतु होते हैं, उन सबका अध्यात्म-यात्रा में क्या योगदान होता है, उसे स्पष्ट किया तथा अंततः मन—जो समस्त वृत्तियों का प्रवाह है, उन समस्त वृत्तियों की गहराई में जाकर जो अहंवृत्ति है, वह क्या है, उसके बारे में विचार करना ही मोक्ष का हेतु है। इस अहंवृत्ति को आश्रित बनाकर ही समस्त कर्म, विविध अनुभूतियाँ की जाती हैं तथा उसी को आधार बनाकर अस्मिता का निर्माण होता है। इस 'मैं' का विसर्जन करना अर्थात् वर्तमान की अस्मिता को ही विसर्जित कर देना, जो आज हमारे व्यावहारिक जीवन का आधार बनी हुई है, ध्येय है। जब इसे बाधित किया जाता है, तो मानो जीवन का आधार ही छिना जा रहा हो, ऐसा प्रतीत होने लगता है और असुरक्षा का अनुभव होता है। यह स्थिति कष्टदायी अवश्य होती है, पर वह ही अनुग्राहक होती है, क्योंकि इस क्षुद्र अस्मिता का विसर्जन होता है, तो ही अपनी ब्रह्मस्वरूपता का साक्षात्कार होता है। इसे ही महर्षिजी ने महान् तप बताया है। तपस्या का अध्यात्म लक्ष्य की सिद्धि में बहुत महत्त्वपूर्ण योगदान होता है। भौतिक

लक्ष्य की सिद्धि हेतु जिसे उचित समझा था तथा अध्यात्म लक्ष्य के लिए जो विपरीत आदतें होती हैं, उसे लक्ष्य के अनुरूप ढालने की साधना ही तपस् कहलाती है। अपनी आदतों तथा संस्कारों के विपरीत जाना निश्चित रूप से कष्टदायी होता है, परंतु यह ही उचित होता है। तपस्या से न केवल व्यक्तित्व को लक्ष्य के अनुरूप बनाया जाता है, परंतु उससे संकल्पशक्ति में भी वृद्धि होती है। अपनी ब्रह्मस्वरूपता के साक्षात्कार हेतु अपनी अस्मिता के अनुरूप जीने की आदत को बदलने के अलावा इसके लिए तीव्र संकल्प होना भी परम आवश्यक है, क्योंकि जाने-अनजाने अहं का संतुष्टि-रूप प्रलोभन आ जाए तो विचलित होने की संभावना होती है। महर्षिजी बताते हैं यह रमण की वाणी है। यह रमण वाणी अर्थात् कल्याणकारी वचन है, क्योंकि यह ही मोक्ष को प्रदान करनेवाली है।

□□□